湖南省社会科学基金项目："湖南全民健身促进全民健康研究"（项目编号：21YBA215）

全民健身与健康促进的理论与实践

邓　晖　著

吉林人民出版社

图书在版编目(CIP)数据

全民健身与健康促进的理论与实践 / 邓晖著 . --
长春 : 吉林人民出版社 , 2023.8
ISBN 978-7-206-20321-3

Ⅰ . ①全… Ⅱ . ①邓… Ⅲ . ①全民健身 – 研究 – 中国
②健康教育 – 研究 – 中国 Ⅳ . ① G812.4 ② R193

中国国家版本馆 CIP 数据核字（2023）第 167894 号

全民健身与健康促进的理论与实践

QUANMIN JIANSHEN YU JIANKANG CUJIN DE LILUN YU SHIJIAN

著　者：邓　晖

责任编辑：王　丹　　　　　　　　封面设计：吕荣华

吉林人民出版社出版 发行（长春市人民大街 7548 号） 邮政编码：130022

印　　刷：河北万卷印刷有限公司

开　　本：710mm × 1000mm　　1/16

印　　张：10.75　　　　　　　　字　　数：150 千字

标准书号：ISBN 978-7-206-20321-3

版　　次：2023 年 8 月第 1 版　　印　　次：2024 年 1 月第 1 次印刷

定　　价：68.00 元

如发现印装质量问题,影响阅读,请与出版社联系调换。

随着现代生活方式的改变和工作节奏的加快，大众健康风险增加，人们越来越认识到健康的重要性，也越来越注重健康。全民健身活动由此产生，通过促进人们参与各类健康体育活动，提高人们的运动素质和健康意识，达到改善全民健康水平的目的。而对全民健身与健康促进研究的必要性，也是显而易见的。

首先，全民健身活动的实施需要科学指导和研究。在全民健身活动的过程中，人们不仅需要知道如何进行合理的运动锻炼，还需要了解运动对身体各系统的生理影响。对于不同人群，需要制订不同的健身计划，甚至需要研究和设计不同层次、不同强度的训练方案，以充分发挥健身活动的效果。因此，全民健身活动需要以科学、严谨的方式进行指导和研究。

其次，提高人们的健康意识和健身素质需要健身指导与研究的支持。目前，人们对于健身的认识多处于误区和盲区，经常听信健身谣言，因此很难达到合理的健身效果。为了让更多人正确、科学地参与健身活动，提高人们的健康意识和健身素质，需要对健身理论进行深入探讨和研究，对运动的生理反应和效果开展实证研究。

最后，全民健身活动的实际效果需要依赖于研究指导。目前，

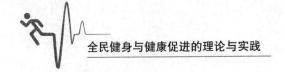

很多地区的全民健身活动虽然吸引了很多人参与，但最终效果不够显著，甚至有些人因错误的健身方式出现了身体不适或损伤。针对这种情况，需要对全民健身活动的效果和成本进行认真和深入的研究及分析，找到合适的指导和优化办法，真正实现全民健身与健康促进的目标。

总之，全民健身与健康促进研究是必要的。未来，我们应该对健身、运动和健康有全面深入的认识，推进全民健身活动与健康促进相关研究的实践，从而为全民的健康提供更多且坚实的保障。国家提出"健康中国"战略，旨在全面推进健康中国建设，促进全民健康水平提升。全民健身与健康促进是两者中不可或缺的组成部分，它们的融合可以促进健康水平的提升。

全民健身，是指全民参与，形式多样，内容丰富的身体训练与活动。快乐运动不仅可以提高身体素质、强身健体，还能减轻心理压力、增强社会交往能力，同时对人体的健康也有独特的作用。运动可以增强心脏、肺、肌肉组织的功能，提高内分泌系统的免疫能力，有益于预防心脑等疾病的发生。全民健身的推广，可以让人们远离一些身体原因导致的疾病，简单而方便的体育运动，在保持身体健康的同时还能享受人生。

健康促进，是指针对性促进人的健康素质提升，以达到较好状态和水平的行为及行政措施。健康促进使人们在各个环节和场合中养成健康的行为习惯和生活方式，包括内在的健康观念和外在的实践行为。健康促进旨在提高公众对健康的认识和健康知识的认知。广泛的健康信息对于大众培养健康的生活习惯和理念是十分有益的，更加强调了健康是全民生活中的重要内容。

全民健身与健康促进融合，是现代化生活中的必然趋势。全民

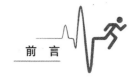
健身与健康促进的目标和要素协调，可以相互补充和提升，增强人的生命力。健康促进注重健康行为的理念，全民健身注重锻炼身体的过程，在进行健身锻炼后，社区可以对全体市民开展健康知识宣传，普及健康知识，提高全民的健康意识和健康素质。形成全方位、多层次、立体化健康促进格局。综上所述，全民健身与健康促进融合不能看成高深理论，需要结合实际情况，从体育和健康促进的相互配合中，真正达到"以人为本，健康第一"的目的，才能让更多人享受到全民健身的幸福和福利。

本书是实用型内容，它向我们阐释了健康生活的原理和方式，以及推广全民健身的好处。在撰写本书的过程中，笔者面临很多挑战和困难，但始终保持信心和热情，通过不断努力，最终完成了书稿。

首先，笔者是健康与运动的爱好者，非常关注健康问题，并且认为每个人都应该拥有健康的生活方式。因此，在开始写作之前，笔者通过对健康和运动的研究，构建了全面的理论基础和文献资料，包括身体运动、心理健康和营养健康等方面。这让笔者在写作过程中更有把握，更准确地表达了相关内容。

其次，在写作过程中，笔者积极借助了实践经验和案例，对健康专家、公共卫生学家、运动员和健康爱好者进行了访谈与调研，收集了大量信息和数据。这些实践经验和案例不仅让笔者更深入地了解了健康生活的重要性，也为笔者提供了写作启示。

然而，在写作过程中，笔者遇到许多问题。其中，最主要的挑战是如何将我们的理论知识和实践经验转化为易于理解的语言。笔者经常花费大量时间进行编辑和修改，以确保写作风格简洁明了、信息准确无误。笔者还利用了许多图表和图片更好地传达观点。

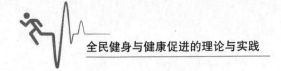

　　总之，本书的写作过程是充满挑战和收获的旅程。本书为笔者带来了成就感和自豪感，笔者希望这本书能够影响更多人，让更多人体会到健康生活的好处。笔者相信，本书将会是专业、实用、有意义的书籍，在推动全民健身与健康促进方面发挥重要作用。

　　本书对全民健身与健康促进的具体实现路径展开了研究，介绍了实现健康促进的常用运动项目，并以湖南省为例，论述了全民健身促进全民健康的路径。在撰写本书的过程中，笔者虽力求论述翔实，但个人力量终究有限，书中难免有不足之处，敬请广大读者谅解和指正，笔者不胜感激。

第一章　健康促进的理论体系与身体运动

第一节　健康促进的发展与运行模式

一、健康促进的发展历程

随着现代社会的发展，健康成为人们关注的重点，健康促进作为一项重要的社会任务，也越来越受到人们的关注。那么，健康促进的起源和整个过程是怎样的呢？

健康促进的起源可以追溯到 19 世纪末。当时，人们开始关注疾病和疾病防治。1899 年，美国卫生学家 Sedgwick 提出了"减少疾病次数"的观点，旨在通过改善卫生环境防治疾病。20 世纪 60 年代，欧美国家开始将健康促进作为一项政策，提出了"促进健康、预防疾病"的口号，并将其列为国民健康计划的目标之一。此后，世界卫生组织也开始将健康促进纳入其工作计划。

健康促进的整个过程，包括面向社会的宣传教育、落实相关政策和促进个人健康习惯等多个方面。特别是，在宣传教育方面，应普及相关健康知识，以提升人们的健康意识和责任意识，同时，可以采用形式多样的健康宣传活动，如健身活动、医疗健康讲座等，切实提高人们对健康的关注。

2000 年 6 月，世界卫生组织总干事格罗·哈莱姆·布伦特兰（Gro.Harlem.Brundtland）在第五届全球健康促进大会上指出，健康促进要使人们尽一切可能让他们的精神和身体保持最优，宗旨是使人们知道如何保持健康，在健康的方式下学习和工作，并有能力选

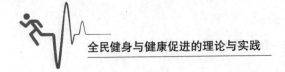
择有利于提高自己健康水平的活动方式和生活方式①。

健康促进是为了保护和促进人们的健康开展的社会倡导、跨部门合作和人人参与的社会行动，通过出台健康政策和改善健康环境，促使人们为了保护和改善自身与他人的健康掌握健康技能，改变自身的行为和生活方式，并获得公平、可及的健康服务资源。健康促进明确了政府、社区、机构、家庭和个人应承担的保护和促进健康的责任。②健康促进的发展分为三个阶段。

第一阶段：生活方式健康促进（20世纪初期至80年代）。

在20世纪早期，健康促进的概念并不被广泛理解，尤其在医学领域。医学主要聚焦于治疗疾病，而不是预防与促进。到了50年代，人们逐渐认识到预防强于治疗。因此，一些国际组织开始推出各种旨在促进健康的计划，包括免疫接种、流行病学研究、公共卫生政策等。虽然这些措施起到了一定的作用，但是由于缺乏系统性和统一性，很难真正提高健康水平。

到了20世纪60年代，健康促进的概念开始逐渐成形，并得到越来越多人的认可。1969年，拉尔夫·迪斯瑟和杰克·E.里奇合著的《浅论健康促进的概念》（*A Conceptual Framework for Health Promotion*）一书被公布，该书提出了健康促进的概念及其核心原则。于是开始有相应的组织建立，例如，欧洲医学协会（European Medical Association）、欧洲公共卫生协会（European Public Health Association），它们意欲把健康与疾病作为整体进行研究，并为之制定政策，推广健康促进活动。

---

① 乐生龙，陆大江，夏正常，等."家庭—社区—医院—高校"四位一体运动健康促进模式探索[J].北京体育大学学报，2015, 38(11): 23-29, 35.
② 刁薇，姜雨彤，刘小辉，等.青少年体质健康促进的管理机制探究[J].科技资讯,2020, 18(6): 194-195, 199.

总之，在 20 世纪 80 年代以前，健康促进的发展历程中，人们逐渐认识到健康是一个综合性的概念。与此同时，健康促进的概念不断发展与完善，被各个国际组织接纳并积极推广。全球健康促进工作开始进入系统化和标准化阶段。历经多年的努力，全民健身与健康促进以及更多类似的著作逐渐面世，为未来的健康促进工作奠定了坚实的基础。

第二阶段：社会健康促进（20 世纪 80 年代至 90 年代）。

在 20 世纪 80 年代至 90 年代末期，社会意识开始转向健康意识。这种转变促使健康促进理念发展和流行。在 80 年代初期，健康促进开始成为国际卫生界的热点话题，对于推进各国民众的健康素质提升具有重要意义。全球健康问题已经引起了世界卫生组织和其他有关健康方面的国际组织的共同关注与广泛参与。在卫生专家和政策制定者的倡导下，不少政府和非政府组织积极致力于促进全民健康。

在这一时期，许多国家开始鼓励体育和运动作为促进健康的重要手段。中国更是在 1987 年开始提倡"全民健身"，提出"运动强国"理念，大力倡导人民群众健身活动。虽然各个国家在全民健身方面的措施各有不同，但措施中普遍包括了公共机构开放、设立体育活动场所、提供便利的运动设备和设施以及组织文化和体育健康教育等。

此外，在健康教育方面，各国都加强了对健康知识的普及，提倡健康生活方式的推广。为了达到这些目的，专家学者积极开展了健康调查研究工作，包括心血管病、肺癌、糖尿病等多个方面的疾病，旨在探究各种疾病的新发病因、病机及诊治。在综合健康促进方案中，专家更是提出了"健康教育、健康宣传、健康课程"等一系列宣传举措，以此来推广健康理念和提高健康素养。

至此，可以明显看到 20 世纪 80 年代至 90 年代末期，健康促进

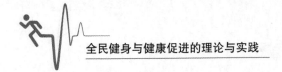

逐渐被重视，更多人开始关注健康问题。随着研究不断深入，人们的健康水平得到了提高，各国政府加大健康教育投入力度，帮助更多人改善饮食习惯、坚持规律的运动等。

总体来看，20世纪80年代到90年代的健康促进持续推进，启发了全世界对全民健康的重视。与此同时，也催生了大量健康教育、健康宣传以及预防疾病的呼声。作为这一时期健康促进的贡献，这些举措和努力帮助各国人民获得了更健康的生活，更好的生理健康状况，以及更强的生理和心理适应能力。这一时期健康促进的经验，为后续健康促进的发展奠定了重要基础，提供了可供借鉴的智慧和实践经验。

第三阶段：健康生活环境促进（20世纪90年代至今）。

自20世纪90年代以来，全球的健康促进工作取得了飞速发展。医学技术的发展为人类的健康带来了更多希望，人们的健康认知逐渐提高，政府和社会组织也开始承担更多责任推进健康促进工作。[①]20世纪90年代至今，医学技术发展突飞猛进，在疾病预防、诊断和治疗等方面都取得了重大突破。例如，随着基因科学的飞速发展，越来越多的人可以通过基因检测了解自己的健康状态并采取相应的干预措施。早期的筛查方法也得到了改善，如通过乳腺X线检查、宫颈癌抹片等，快速发现潜在的癌症病变，从而进行早期治疗，提高治愈率。另外，在影像技术方面，计算机断层扫描（CT）、核磁共振（MRI）等诊断手段的发展，也为医疗诊断提供了高精度的工具和方法。

近年来，各种健康知识广告、健康论坛、健康网站层出不穷。通过各种社交媒体等渠道，人们的健康意识和健康知识得到了极大

---

① 陈佩杰. 运动与健康促进 [J]. 体育科研，2003, 24(1): 46-48.

增强和普及。越来越多的人开始注意到健康的重要性，并采取各种方式保持健康，如坚持锻炼、饮食健康、戒烟限酒等。此外，人们对于亚健康状态的认知也越来越高，在注意到自己的身体出现某些不适后，人们不再贪图眼前的舒适，而是更加关注长期健康和生活质量的提高。

各国政府和社会组织在健康促进方面也做了很多努力，通过政策、法规、宣传等手段推进健康促进工作。例如，加强卫生教育、扩大基层医疗服务覆盖面等，不断深化保障和促进人民身体与社会健康的具体实践。在社会组织方面，医疗服务机构、非营利组织等也参与到健康促进工作中，不断向全球范围的健康促进做出贡献。

总之，20 世纪 90 年代至今的健康促进工作取得了很大的进展。医学技术的飞速发展为人类的健康带来了更多机会，人们的健康认知逐渐提高，同时，政府和社会组织承担了更多责任推进健康促进工作。这一切都为全球健康领域的改善提供了必要的推动力，为我们开启了更健康、更美好的未来。

二、健康促进的目标

通过多方支持和各部门的协调合作，整个社会的支持性环境逐渐形成并形成体系。[①] 疾病预防和健康促进是公共卫生的基本内容。健康促进的具体目标包括：

（1）提高公众的健康知识、健康意识和自我保健能力；

（2）增强全民的身体素质，减少疾病的发生；

（3）通过对健康的维护与促进，降低医疗成本，提高卫生服务效

---

① 徐仰才，李纪霞，吴志坤. 中医体质辨识在大学生体质健康干预中的应用效果分析 [J]. 数理医药学杂志，2020, 33(1): 140-143.

率,改善人民的生活质量;

(4)实现人人享有卫生服务的目标;

(5)通过对健康的维护和促进,使人群获得最佳的健康状况和生活质量;

(6)对社会、经济及环境产生积极的影响;

(7)达到国际社会的共同目标——世界卫生组织提出的"不生病的世界"的奋斗目标;

(8)实现我国政府在2075年向联合国提出的人类发展议程中的主要目标,即到2030年,将全球人口中的慢性病患者比例减少一半以上;

(9)要为构建和谐社区、和谐家庭,建设社会主义新农村,推动经济社会全面协调可持续发展提供有力保障。

三、健康促进的手段

健康是人类生命的重要组成部分。许多疾病和健康问题可以通过健康促进预防或控制,以提高人们的健康水平和生活质量。此部分从健康状态、健康意识、营养补充、身体锻炼、心理健康、个人卫生和社交活动等方面探讨健康促进的手段与方法。

(一)健康状态

了解自己的健康状态是健康促进的重要环节。定期进行身体检查,如检查血压、血糖、血脂等指标,可以及早发现和预防慢性病和其他病理问题。长期坚持健康饮食习惯,注意摄入脂肪、蛋白质和碳水化合物的比例,以保证身体的营养需求。此外,减少吸烟、酗酒,控制体重,安全饮水等,也是保持良好健康状态的有效手段。

（二）健康意识

提高健康意识可以让人们更加重视健康。通过健康教育、传媒、网络等渠道，加强健康知识的宣传和普及，使人们更了解健康问题，以及如何预防和治疗疾病。在生活中，要关注身体信号，如出现头痛、恶心等不适感，要及时寻求医疗帮助，预防疾病进一步恶化。

（三）营养补充

营养是保持身体健康的重要因素。在摄入方面，人们应遵循"多吃蔬菜、水果，适量摄入蛋白质和碳水化合物，少食高脂肪食品"的饮食原则，合理安排三餐，保证营养的均衡。

（四）身体锻炼

锻炼是维持良好健康水平的重要途径。适度的锻炼可以帮助改善身体机能，增强体能和免疫力。具体锻炼方式可以根据自己的情况进行选择，例如，步行、慢跑、自行车、跳绳等。锻炼的时间和量是依据个人情况而定的，无须过度紧张或忽视身体感受。

（五）心理健康

心理健康的平衡对保持身体健康非常重要。不断的压力、焦虑、疲惫，扰乱了健康的饮食和生活方式。有各种方法和工具可以促进心理健康，如拓展爱好、学习冥想练习、减少压力的方式等。当然，也可以寻求专业帮助，以获得更好的心理治疗和调节支持。

（六）个人卫生

个人卫生对于健康的重要性是可想而知的。个人卫生包括洗手、洗澡、刷牙等基本卫生习惯。除此之外，保持环境的清洁，避免病菌滋生，采取健康的生活方式尤为重要。

（七）社交活动

社交活动也是健康促进的重要手段。适当的社交活动不仅可以

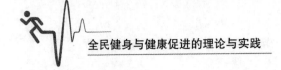

降低焦虑和压力，还可以增加社交支持，给生活带来更多的乐趣。在社交活动方面，可以选择和家人、朋友、同事一起聚会、旅行、瑜伽等。

综上所述，健康的促进需要从多方面进行，如让人们通过提高健康意识、培养健康的生活方式，优化营养、锻炼身体、维护心理健康、保持个人卫生和合理的社交活动等。通过以上手段，可以帮助我们更好地保持良好的健康状态，快乐享受生活。

第二节　全民健身与健康促进

一、全民健身与健康促进的关系

运动锻炼可以提升各类人群的身体机能，促进其健康水平的提升。一般来说，体育运动能提高人摄取氧的能力，从而提高其新陈代谢水平，促进体内的解毒过程。体育运动还可以促进人的血液循环，使肌肉得到充足的养料，提高肌肉的收缩能力，同时使肌纤维变粗，变得更加发达、匀称、有力。体育运动可增强人体机能，使人的大脑变得清醒，小脑变得灵活，提升人的工作和学习效率。

各种形式的体育运动锻炼能够增加大脑的供血量，改善大脑、血糖以及氧气的供应，促进脑细胞的新陈代谢，提升大脑的灵活度和活跃度，还能提高神经活动的反应度、灵敏性以及兴奋度，提高神经的控制机能。各种体育锻炼形式可培养人的个性，陶冶锻炼者的情操。体育运动可帮助各类锻炼人群消除身心的疲劳和心理障碍，养成果敢和吃苦耐劳的优良品质。

通过体育锻炼，人们可以发泄情绪，调节一些不良情绪，如意志消沉、情绪沮丧、对生活缺乏信心和勇气等。通过参加体育竞赛，特别是一些团队项目，人们不但提升了自己的身体机能水平，而且通过团队合作交到了更多朋友。在团队协作的过程中，人们培养了诚实守信、力争上游以及不怕挫折的优良作风和品质。同时，体育锻炼能提高免疫系统的功能，提高人防御慢性疾病的能力。另外，体育运动还能促进胃肠道消化，促进消化液分泌，有助于机体对各种营养的吸收，缓解和预防便秘、消化不良等各种慢性疾病。[①]

研究表明，经常锻炼的人比静坐不动的人更不容易生病，而且更加长寿。当然，运动不一定就代表健康，过度的运动有可能损害身体健康。健康来自多个维度，不一定全来自运动形式。运动能够促进人的血液循环，调节人体的各种机能水平，增强肌肉的发达程度，激发人的身体潜能，帮助人们克服人格缺陷，使人的机体得到完善。然而，除了需要经常运动以外，保持健康还需要有良好的饮食条件以及规律的作息、良好的心情等，这些都能影响人们的健康水平。

由此可见，运动只是人达成健康状态非常重要的因素，但它绝对不是全部因素。要想获得健康的体魄，需要进行适当的运动，因而，体育运动被健康促进视为最重要的因素之一。健康经济学者往往认同健康是产品，这种产品的数量表现为某人在某时空背景下的健康状况，用经济学专业术语来表述就是健康存量，如同人到银行进行储蓄，在有余钱的时候可以多存，以备不时之需。其实，健康也是可以进行存储的，在精力允许的前提下，采用合理的健康方式，

---

① 薛海红，王小春. 高等学校有效健康促进模式与实践研究[J]. 西安体育学院学报，2005, 22(6): 100-103.

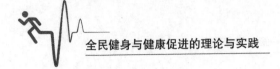

能够增强个人健康储备，为自身构建牢固的健康基础，从而获得更多的健康存量。人的一生其实都是在平衡运动与健康的关系中度过的。对运动的任何一种态度，都会直接或间接影响人们的健康水平。

生命在于运动，而采取什么样的运动则大有讲究。在现代化的社会生活中，尤其是在快节奏、竞争激烈的城市工作和生活中，人们的精力被大量用于工作、学习、人际关系的处理和家庭琐事，忽略了运动的重要性，日积月累，势必会对健康造成很大的危害。很多人由于缺乏运动，最终产生了身体亚健康。各种疾病在亚健康状态下逐渐显露出来，而各种运动形式是对抗衰老、预防慢性疾病、延年益寿的重要路径，如果人们能够常年坚持运动，那么其生命将会变得五彩缤纷，幸福指数也会得到极大提升。当然，要获得健康，在运动类型上必须按照个体差异进行选择。如果按照新陈代谢的方式来划分，运动可以分为有氧运动和无氧运动。有氧运动主要是小强度、长时间的运动形式，如长时间的慢跑，在整个运动中人体吸入的氧气往往与本身的需要基本相等。强度较小、持续时间长并有一定的节奏感的运动形式，都属于有氧运动的范畴，比如，慢跑、长距离慢速游泳、骑自行车、跳广场舞、打太极拳、练瑜伽等。有氧运动是保持人们身心健康非常重要的运动方式。无氧运动往往是大强度、非常激烈的运动形式，在整个运动过程中，人体吸入的氧气往往少于运动所需要的氧气，这个时候就形成了"氧债"，身体就会产生乳酸，运动后就会出现酸痛。这种运动形式的基本特点是强度高、讲究爆发力、持续时间短，如短距离跑、跳高、举重和一些投掷类的运动都属于无氧运动。

（一）体育运动对神经系统的促进作用

人体的任何运动形式都会受到神经系统的支配和协调。体育运动能够丰富大脑神经细胞突触中的传递介质，并在传递神经冲动的时候引起介质的多维度参与和释放，从而提升突触之间的传递速率，提高人体的神经动员能力。[1]积极参加各种形式的体育运动，可以更好地提升左右大脑半球的神经反应速度，提高神经系统中神经介质的传递能力，特别是足球和中长跑等一些对耐力要求较高的项目，效果特别明显。耐力好的人往往能够比较长时间地锻炼，并且能够达到高效率、头脑清醒并具备充沛的精力。此外，加强各种形式的体育锻炼可以有效预防各种慢性疾病，减少神经官能征的发病率。运动员掌握技能的过程是逻辑思维与形象思维协同发挥作用的过程。以篮球为例，篮球的战术要有实效，就必须依赖运动员和教练员的形象思维能力和逻辑思维能力。在篮球场上，如果没有敏锐的思维，就无法对错综复杂的比赛现场做出公正客观的评价，难以识破对方的诡计和战术意图，难以针对场上的各种形势做出最有利于己方的战术决策。因此，没有思维能力，在运动场上只能是机械而被动地发出应对性战术行动，所有行动都会失去预见性和针对性，只能被动挨打，没有办法达成预期的战术目标。

以武术为例，如何才能领悟各种攻防动作中的意义呢？这就需要在实践中不断感悟。能够灵活运用各种招法的人群，往往是用身体去体悟以后，最后达到动作的自动化和融会贯通的效果。要达到此境界，就必须对动作进行长期的揣摩和不断的精雕细刻，只有全身心地投入才能使思维活动得到良好的发展。可以说，运动员的思维活动伴随着运动的整个过程。各种运动形式都要求运动员动作迅捷且协调，这就对参与者的观察能力、思维能力、记忆能力和想象

---

① 朱政，陈佩杰，黄强民．体育训练中的神经运动控制 [J]．上海体育学院学报，2007，31(1)：58-61．

能力提出了全方位的要求。通过各种运动形式，这些能力都能得到最大限度提升，而这些能力提升正是运动员智力的展现。

体育运动能够使锻炼人群肌肉变得发达，运动员往往比不经常参加运动的人思维敏捷。这是因为在各种比赛中，场上形势瞬息万变，要求运动员在短时间内做出应答，因此他们具有非常灵活的反应能力。科学家为验证此理论，也进行了相应的实验对比。结果表明，经过 3 个月的有氧运动训练，所有体育运动参与者的神经功能增强。那些心血管能力相对较强的人神经功能增强的幅度最大。当然这种影响往往开始于肌肉运动，肌肉运动会引起身体内纷繁复杂的化学应答，这种应答产生了被称为"脑源性神经生长因子"的化学物质。人们可以从各种运动形式中获得营养，使人的大脑生长出新的神经细胞，从而促进脑细胞联结程度的持续性提升。通过一系列的提升和新物质的产生，人的大脑细胞变得更加活跃，人的思维能力也随之得到提升。由此可见，运动不但不会对人的思维能力造成阻碍，而且会对人的综合应答能力带来帮助。因此，运动改变大脑不是空话，应该在生活和学习的过程中不断去领悟，然后贯彻在学习和工作中，这样才能对身心产生益处。

（二）体育运动对循环系统的促进作用

各种运动形式能够使人的心脏每搏输出量增加，降低静息心率。这进一步提高了心脏的工作效率，使冠状动脉得到足够的时间休息和扩张，对于保护心脏或提升心脏的功能很有益处，而且能够增加心肌血液的供应，促进心肌毛细血管数量的提升，同时心肌纤维也能变得粗大，其收缩能力进一步增强。运动时，血液循环不断加快，这对血管本身的营养物质供给提出了更高的要求，它需要带走细胞产生的各种代谢垃圾，清除附着于动脉管壁的沉淀物，减小血管外周的阻力。所有这一切都需要增强血管的弹性，缓解动脉硬化的程度。而经常进行各种体育运动锻炼的人，血管内皮细胞会产生和释放软化血管的物质，这不仅降低了高血压和动脉粥样硬化患病的概率，还可以增强淋巴细胞的免疫能力，进一步增强人体的免疫力。

（三）体育运动对呼吸系统的促进作用

运动时，由于呼吸变得非常急促，呼吸肌受到外界刺激变得非常有深度且有力量。人的胸腔变得非常大，这又加大了呼吸动作的幅度。吸气时，在呼吸肌的综合作用下，随着胸腔的扩大，肺的面积和体积会进一步增大，这增加了吸入肺部的气量；呼吸时，肌肉收缩，又可以把更多的二氧化碳排出体外。呼吸功能的不断提升，使呼吸变得更加主动且有深度。呼吸深度进一步加大，呼吸的幅度也得到最大限度的提高，使锻炼参与者在呼吸的时候不容易感到疲劳，呼吸系统能够坚持运作更长时间。各种形式的锻炼对呼吸机能的影响可从呼吸差的变化中看出。在各种对抗形式运动中，锻炼者的肩背部的肌肉、腹肌也得到了充分锻炼，可以预防一部分常见的呼吸系统疾病，减小慢性支气管炎、气管炎等慢性疾病的发病概率。

另外，不经常运动的人，由于呼吸系统功能较差，负氧债的能力非常低，一开始运动就气喘吁吁，身体机能跟不上身体需要，运动以后会变得全身酸痛，在短时间内会出现剧烈的不良反应。[①] 而经常进行锻炼的人，不但能坚持运动很长时间，而且对乳酸等酸性物质的抵抗能力相对较强，出现疲劳的感知时间会推迟，即使出现了运动性疲劳，也能在短时间里恢复。由此可见，经常进行体育锻

---

① 赵治善，王正文，朱永红，等. 新冠疫情背景下体育运动对老年人免疫功能的实验研究 [J]. 体育科技文献通报，2022, 30(2): 121-123, 140.

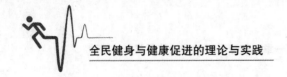

炼的人，呼吸系统的整体功能得到了提升。

（四）体育运动对特定人群骨骼系统的影响

体育运动对青少年的影响表现在多个方面。已有研究结果显示，常态化体育运动形式可以促进青少年骨骼的发育，青少年的骨骼可塑性非常大。青少年时期，在神经系统的综合调节下，骨骼中进行着非常旺盛的物质代谢和细胞分裂过程，能够对青少年骨骼生长发育起到促进作用。经常参加体育活动，可以提升骨骼的牵拉能力，这不仅使骨骼在形态方面有了适应性变化，而且能使骨骼的机械性能得到提升。骨骼在形态方面的变化，表现最明显的是肌肉附着处的骨突变得异常肥大，使其能够适应外界的压力和张力对其牵拉造成的影响。这些适应性的变化能够使骨质变得更加牢固，可以承受外界较大的负荷。也就是说，这些综合性变化提高了骨骼系统对抗外界弯曲、折断、拉长、压缩和扭转等对身体造成伤害的能力。在进行各种形式的体育运动时，身体各骨骼的互动是有很大差异的，它们往往会发生非常强烈的变化。能否抵御外界的牵拉，主要取决于运动员在锻炼时能否促进骨骼系统的适应性变化。

以武术为例，武术锻炼者在做很多技击动作时，其上肢骨在同一方向上被牵拉；在做支撑动作时，武术锻炼者上肢骨的长轴往往受到很大的压力。如果经常进行体育锻炼，就能使上肢骨承受牵拉和压力的能力得到显著增强。

显而易见，练习投掷和举重的运动员的上肢骨往往表现得粗大，而登山、舞狮运动员的下肢骨往往会非常粗大、强健，气功锻炼者的主骨会非常坚实，这些适应性的改变都表明了各种运动形式对骨骼形成的益处。同时，人体的很多骨连结都有各种复杂的关节结构，关节的周围有肌肉以及韧带的包围，韧带能够对骨关节进行加固，使骨关节在受到外力牵拉和压力的时候不至于脱落。而肌肉不仅能够对骨关节进行加固，更重要的是能够引起骨关节的适应性运动。在进行各种形式的体育运动时，由于跑、跳等动作能够增强骨关节的灵活性和弹性，经常参加传统体育锻炼的人的关节活动范围相对较大，关节的牢固性和承受外界压力的能力要高于常人。以武术为例，在武术表演活动中，锻炼者的各个关节活动范围要大于一般人，在做劈叉和旋转动作时，如果没有经过长期的训练，运动员是很难完成这类难度较大的动作的。

此外，各种形式的体育锻炼还对身高有促进作用。经常进行锻炼有助于骨骺增厚。这是因为各种形式的体育运动能够促进血液循环，从而使骨骺的生长得到各种必需的维生素和养料的补给，使骨骺顺利增长。另外，各种形式的体育锻炼对人的内分泌系统也有着积极的促进作用。内分泌系统分泌的各种激素对骨骼的生长有良好的促进效应，因此，青少年经常参加各种体育运动能促进身高增长。据研究，相同性别、年龄的中小学生，经常参加体育锻炼的人群比不参加体育锻炼的人群身高要高 3 ～ 5 厘米。对于中老年人而言，运动可以使某些与骨代谢有关的激素发生积极性改变，影响局部骨代谢的生长因子，从而使骨的重构过程得到顺利推进，使骨质得到改善。

有研究表明，适宜的身体锻炼形式可使体内激素水平升高，抑制破骨细胞的增多，大量减少骨质的流失。有人认为，中等强度的运动可使血睾酮的浓度提升，提高体育锻炼者的综合运动能力。适当的体育运动可使维生素 D 受体基因的表达敏感性得到提升，从而促进维生素 D 的吸收，使机体的稳固度得到增强，降低老年人骨质疏松症的发病概率，使老年人不会由于摔倒而造成重大的人身伤害，

进一步延缓衰老，促进老年人的身心健康。有对照实验表明，运动对于提高老年女性的骨密度非常有效，而且各种运动形式能够提升锻炼者的骨密度，提升康复人群的骨骼再生能力。

二、体育运动改善心理健康，增强健康软实力

（一）体育运动能培养人的进取精神，提高意志力

从事各种体育运动，既要克服，如恶劣天气、场地等客观困难，又要克服主观方面的惰性。良好的意志品质就是在不断开拓进取中逐渐形成的。在参加各种类型的体育运动时，运动锻炼者必须承受一定的身心负荷，这样能够磨炼锻炼者坚强的意志品质。长期进行体育运动，能够培养锻炼者积极进取、勇于克服困难和敢打敢拼的精神，以及坚韧不拔、吃苦耐劳、持之以恒、愈挫愈勇的优良精神品质，这对于锻炼者后续的学习和工作具有重要的现实意义。一个意志坚强的人，在学习和工作中遇到挫折时，会选择迎难而上，而不会轻易放弃或退缩。由此可见，体育运动不但能提高人的生理机能，更能够培养人的精神品质。

（二）体育运动能增强人的自信心，提高自我认同感

体育运动可以增强锻炼者对自我的认知，有利于丰富其情感体验，不断陶冶其自身的审美及道德情操。体育运动能够带来良好的情绪体验，培养运动员积极向上、乐观进取的精神。运动员参加各种类型的体育运动，往往是根据自身的兴趣和能力进行筛选的，他们一般能够很好地驾驭该项运动，这有助于锻炼者增强自信心。运动员的技能增强了，其自我效能感也会随之增强。而自我效能感是一个人完成既定任务的基本条件和保障，也是其能完成任务所具备的基本心理储备。以肥胖症患者为例，经过长时间的刻苦练习和坚

持，如果他能够把体重成功地降下来达到正常值，不仅能增强他本身的身体机能，而且会对他以后的学习、工作有极大的促进作用。锻炼者在经过一段时间的锻炼以后，会发现自己的体型变得更加完美，自己的精神状态变得更加矍铄。此时，锻炼者的整体素养自然得到了提升。由此可见，体育运动对提高锻炼者的自我认同感具有极大的促进作用。

三、体育运动改变不健康的生活方式，减少疾病的发生

（一）运动起来，消除玩手机、久坐对身体造成的危害

随着智能手机的普及，现在在办公场所以及在学校等地经常能够看到低头一族，他们大部分时间都在刷短视频、玩各种网络游戏，而且玩手机的时间相对较长。殊不知，这样的生活方式会在不知不觉中带来很多危害，是造成疾病、死亡的潜在危险因素。这并非夸大其词，长时间不运动的危害不会在短时间内显现出来，很多人根本没有充分认识到这种生活方式带来的潜在威胁。

事实上，很多人的慢性疾病就是这样长年累月堆积而成的。世界卫生组织有关专家结合健康的要素和疾病危害的特点明确指出，久坐不动是导致慢性疾病发生概率急剧上升的重要原因，是当今最不合理的生活方式之一。根据世界卫生组织发布的通告，缺乏体力活动是造成慢性疾病的主要因素。世界卫生组织的专家指出，缺乏足够的体力活动会对人体的健康产生极大的危害。全球每年大约有 200 万人由于缺乏体力活动而失去宝贵的生命。因此，世界卫生组织一再强调人们必须重视各种运动形式，并告诫人们久坐不动这种不良的生活方式已成为全球十大重要致病和致死的因素之一。

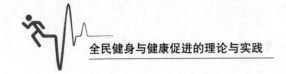

久坐不动会增加几乎所有慢性疾病的发病概率，比如，增加患高血压等心脑血管疾病，以及Ⅱ型糖尿病、腰椎间盘突出、骨质疏松症、抑郁症和焦虑症等疾病的发病概率。对于女性而言，久坐不动还容易患上慢性骨盆充血、内分泌失调、痛经等妇科疾病。另外，如果人长时间保持一个姿势，全身重量就会全部积压在脊椎骨的末端，加上颈部和肩膀长时间保持一个状态，容易引起颈椎强直性收缩，使肌肉产生酸痛、炎症，甚至会导致脊柱变形，诱发更严重的骨质增生或强直性脊柱炎，最终压迫神经造成瘫痪或者其他器官的供血不足，出现头晕、头痛、恶心等不良反应。所以，从健康的角度来讲，要想获得健康，就必须每天在体力活动和健康锻炼上投入时间，让身体运动起来。

朋友之间需要相互监督，相互鼓励，一起锻炼。上班族如果离家不远，走路时间在30分钟以内，建议每天都步行上下班；坐公交车的上班族可以提前一站下车，采取步行的方式走到终点；对于开车的上班族来说，如果所在单位车位比较紧张，可以把车停在离单位有一定距离的地方，然后步行上班，既环保又锻炼了自身的身体机能。现代人由于生活压力和工作压力相对较大，很难抽出专门的时间进行锻炼，但是可以充分发挥自己的主观能动性，在现有条件下，想方设法增加自己的活动量，促进身体机能的不断提升。

（二）早睡早起，减少熬夜对身体的伤害

熬夜是非常不健康的生活方式，会给个人的健康带来持久伤害。相关研究表明，长时间熬夜会破坏人体神经系统和内分泌系统的综合功能，导致其功能运转不正常。神经系统的失调会导致精神错乱、精神不振等问题，而内分泌失调会导致粉刺、黑斑、暗疮等。熬夜对身体造成的多种伤害中，最常见的就是免疫力变低，经常会感冒

发烧，甚至会极大地增加慢性病患病的概率，表现为无精打采、两眼无神、目光呆滞、反应迟钝。这主要是因为熬夜使人的正常生理周期被破坏，人体正常的生理应答功能遭到摧毁，抵抗力也会逐渐下降。

对抵抗力较弱的人群来说，熬夜后呼吸道疾病、胃肠道等消化疾病也会随之出现。另外，熬夜也会使人注意力不集中。正常人的交感神经是夜间处于抑制状态，白天处于兴奋状态，白天的兴奋状态满足人一天的工作需要。而熬夜者的交感神经却是相反的，他们在夜晚的时候会表现得非常兴奋，这就违背了人体的自然生理规律。由于夜晚的交感神经非常兴奋，到了白天交感神经已经非常疲劳了，所以熬夜的人会没有精神、记忆力减退、头昏脑涨、反应迟钝、两眼无神、注意力不集中，出现健忘以及头疼、头晕等症状。

长时间的熬夜还会使人出现神经衰弱、失眠、抑郁和暴躁等问题。同时，长时间的超负荷用眼还会使眼睛出现发胀、干涩、疼痛等症状，甚至患上干眼病。此外，眼肌的疲劳还会导致人的视力下降、视力模糊、视野当中出现黑影、看到的镜像出现扭曲变形、视物会出现颜色的改变等情况。因此，长时间熬夜对人的损害是多方面的。白天正常工作，晚上休息调整，这是人的正常生理规律。人一旦把这种生理规律打破，内分泌和神经系统就会出现功能紊乱。可见，早睡早起对人的健康至关重要。

（三）参与体育活动，驱走孤独感对心境的干扰

孤独感是一种内心非常封闭的心理状态，是感到自身与外界产生了隔绝或受到外界朋友的排斥产生的非常孤独的情感体验。一般而言，短时间的、偶尔的孤独不会造成心理疾病，但如果是长期压抑或者出现严重的孤独，就会产生情绪障碍，降低人的认知水平和

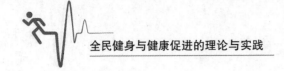
反应水平。孤独感还会增加个人和他人、社会之间的距离，增加疏远感，而疏远感和隔阂又会进一步增加人的孤独感，由此形成一系列的恶性循环。久而久之，长时间不参加活动的人就会脱离社会，社会化倾向就会降低，最后导致人格不健全。造成孤独感的原因是多方面的，性格内向、不愿意与他人交流、少年时期受到了心理创伤、不良的家庭环境都会导致某些人产生心理障碍，不愿意与他人交流。青少年和老年人是孤独感发生的高危人群。

四、有利于增强青少年的社会支持感，减轻社交焦虑

人际交往中出现障碍可能会导致青少年的社交焦虑，具体表现为青少年在社会化中，由于自己扮演的角色与社会需要的角色定位产生了错位，此时，他们期待的目标和自身的角色间产生了距离，从而产生焦虑感。具有社交焦虑感的人，最基本的特征是在与人进行交流或者人际交往时，会感觉到紧张、恐惧、不自在或者有担忧的倾向。他们常常会过分地在乎别人对自己的评价，而且会经常由于别人无意识的伤害性语言对自己产生否定，从而在社交行为中产生回避、退缩的行为倾向。研究表明，父母的教育方式、个体心理的防御机制和自我认知及遇到挫折的应对方式，都会引起社交焦虑。因此，要解决好这些问题，除了要在思想上放开自我，主动与他人进行交流外，参加各种形式的体育活动也是非常好的交流渠道。在体育运动，特别是一些开放式运动过程中，锻炼人群常常需要协同合作，在不断的交流和合作中交流情感，减少社交焦虑，使一些不良情绪得到疏导。

五、新时代体育运动与"健康中国"战略

中国进入新时代，是党和国家事业发展从改革开放 40 多年以来

取得的历史性成就基础之上作出的科学判断。这一判断，概括了中国人民的伟大飞跃，坚定了历史使命。在中国进入 21 世纪发展新时代的基础上，科学引导健康又成为"健康中国"战略的基本理念。2016 年 10 月，中共中央、国务院印发《"健康中国 2030"规划纲要》（以下简称《纲要》）。《纲要》将全民健身纳入规划内容。《纲要》一再强调，需要大力开展全民健身活动，推动全民健身和全民健康的高度融合，到 2030 年，建立高效的全民健康公共服务体系。由此可见，从软环境到硬环境，"健康中国"的国家战略正在全国范围有序推进，健康中国理念需要每一个中华儿女共同践行。

第三节　健康与亚健康身体状态

一、人类对健康的认识

健康是人类生存与发展的最基本要素，没有健康的身体状态，所有的一切都将化为"0"，健康具有基础性特征。每个人的身体是"1"，其他都是"0"，当失去了"1"以后，后面再多的"0"都没有任何意义。当然，人类对健康的认识也是逐步完善的，具有鲜明的历史与时代特征。人类对健康的认识受当时生产力发展水平和人们思想的制约。在 20 世纪二三十年代，贝克从医学维度，将健康概念规定为有机体处于安宁状态，特点是机体没有任何疾病，处于正常机能状态，也就是说没有疾病就是健康。这一医学定义在当时得到了人们的认同，但随着时代的变迁，人们慢慢开始发现单从躯体健康维度解读健康有过分狭义之嫌，因为躯体健康并不能代表健康

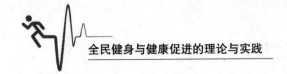

的所有元素。现代的生活节奏相对较快，年轻人承受了非常大的压力，很多家庭忽视了对家庭健康的投资。①其实，应将健康列为家庭的重要投资维度，家庭健康是家庭幸福的保证。对家庭来说，没有了健康，家庭的幸福就没有了来源。

健康的身心是成就一切事业的基本条件。只有不断地为健康储蓄，人的财富才会得到增长。在讨论人力成本和人力资源时，健康是延长人的寿命、增强身体机能状态的基础。在人力资本投资中，保健措施往往放在人力资本投资的重要位置，可见，健康就是最基础的财富元素。美国疾病防治中心研究发现，如果美国公民都戒烟，并且不饮酒，采取合理的饮食，进行常规性的、有规律的锻炼，那么美国人的平均寿命将延长 10 年以上，而每年数以千亿美元计的资金用于提高医药水平，却难以提升美国人的平均寿命。

可见，良好的生活方式和行为方式对健康的意义非凡。科学、合理的体育锻炼形式作为健康促进的重要方面，可以提升人的身体机能水平，增加健康的存量。从成本投入的维度进行分析可以发现，花费主要由两部分组成：一部分是物质成本，包含体育器材、设施、服装等；另一部分是时间成本。从健康维度来看，体育运动形式的健康投资回报也由两部分组成：一是健康提升生产力带来的经济效益以及减少医疗费用的经济收益；二是通过延长人的预期寿命、增加工作年限获得的间接经济收益。整体而言，体育运动不仅具有明显的直接收益，间接收益产出也不可忽略。相对于医疗等健康促进方式和营养提升方式，科学、合理的体育锻炼可产生较大的健康投入产出比，体现了其绿色性、生态性、经济性和适应性的基本特征。

---

① 张国方，罗美香，林燕. 健康体检护理在健康和亚健康人群中的应用效果 [J]. 中外医学研究，2014, 12(1): 95-97.

1946 年，世界卫生组织成立之初，在其宪章中提出了健康的定义：健康是身体上、心理上和社会上相对完美的状态，而不是单纯没有疾病或没有虚弱的状态。这个定义有三个方面的内涵：一是突破了没有疾病就是健康这种比较狭隘、消极和低层次的观念；二是对健康的解释从自然人扩大到了社会人的范畴，把人的交往、人际关系和健康相联系，与此同时，强调了政治、经济、文化对健康的影响；三是从个体健康扩大到了群体健康以及人类生存空间的维度，这里强调了人与自然环境和社会环境的和谐相处，要求人主动调动自身机体和环境的多维关系，保持人的健康与外在文化、经济等要素的高度和谐。

　　此概念强调了应该从生理、心理和社会三个维度评价人的生命质量和生命状态。其中，生理维度是指人体结构完整，体格比较健壮，身体形态比较健美，各种器官和组织功能没有出现异常，自我没有感觉到不适的症状；心理的健康是指智力正常，内心世界安宁、充实而丰富，富有同情心，情绪稳定，自我对外界的感知良好，能够恰当评价自身的优点和缺点，能够接纳自身；社会适应良好是指能够与周围的环境，包括自然环境、社会环境、人文环境保持和谐统一，并且愿意接受周围环境，并对周围环境有很强的适应性。

　　人际交往的和谐与自然能够使人有效应对工作以及生活中的挫折和困境。这种三维健康观念的提出，使人们对健康的认识向前推进了一大步，更加完善了健康本身的内在属性和要素。1989 年，世界卫生组织再次提出健康的定义，认为除了身心健康及社会适应良好以外，还应该加上道德要素，只有这四个层次的健康要素齐备，才是完整的健康状态。这是最具权威性的关于健康定义的表述。该定义认为，心理健康、身体健康、道德健康和社会适应良好四个要

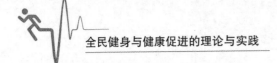

素是有机整体，一起作用于人的整体机能状态和生命质量。当人的身体发生病变时，情绪状态必然会受到综合性影响，同时，限制了人们参加工作和社会生活的空间。①

总之，社会适应能力不足必定会使人产生长期的心理压抑，长期的不稳定情绪也会诱发身体疾病，而道德不健康则会丧失做人的人格，在社会事业发展方面也会出现大问题。所以，这四个维度是相互影响、相互依存的辩证关系。从上面关于健康定义的阐释可以看出，健康是多元化和体系化的综合体系。此外，人们还必须认识到健康并不是绝对概念，而是动态、连续的相对概念，并处于不断发展变化中。只有多方协同，积极增加健康储备要素，才能使有机体保持良好的运行状态。其中任一个环节出现问题，都有可能对整体健康造成极大危害。健康的概念是动态的，是与时俱进的，具有强烈的时代感。随着人类对外部世界认识的不断深入，健康的概念总是在不断深化。

在生产力水平极度低下、人们生活极度贫困时，健康往往只是代表没有疾病，群体没有出现大的瘟疫和病变。但是，随着医学对疾病和健康认识的进一步深化，健康概念提出了生物学上的适应性要求——以生物学变化为基本的生物学健康模式。②

这一模式确定生物致病要素，阐明疾病的致病机理和形成规律，在促进和指导保护人类健康的进程中起着举足轻重的作用。但是，社会总是在不断发展和变化，随着分子生物学和医学研究的不断深入，生物医学模式的消极影响和局限开始显现，主要表现为把

① 赵瑞芹，宋振峰. 亚健康问题的研究进展 [J]. 中国社会医学杂志，2002, 19 (1): 10-13.

② 冯叶芳，张仲，吴伟旋，等. 哈尔滨市城镇居民亚健康评定量表的常模研制 [J]. 中国全科医学，2021, 24(10): 1260-1265.

人的自然属性和社会属性进行了划分，忽视了社会因素对健康的多维影响。

社会因素对健康的影响主要表现在政治、经济、教育和社会心理等方面。除此之外，学者还提出了生物、心理、社会医学模式，作为人类对健康与疾病内在互联和关联机制的认知，指导健康科学研究与疾病治疗实践。因此，世界卫生组织对健康的定义进行了更加全面的归纳，在 20 世纪 60 年代提出了整体医学模式和整体健康的概念，主张健康的内涵不是静止不变的，而应该包含心理、情绪、生理及社会环境和精神状态的最佳和优化状态。

二、人类健康的影响因素

影响健康的因素通常被称为健康的决定要素，是指决定和影响个体或者群体健康状态的综合因素，种类非常多，构成非常复杂，可以将其概括为生物、环境、生活方式和医疗卫生服务四个方面的要素。国外的社会医学和流行病学以及临床社会学的调查研究结果表明，个体的健康与寿命有 50% 左右取决于生活方式和行为方式，25% 左右取决于环境要素，20% 左右取决于遗传，10% 左右取决于医疗和卫生服务的质量和水平。

人类的生物因素包括病原微生物遗传和个人生物学特征，其中，遗传因素是影响健康质量和水平的基本要素。全世界 20% 左右的遗传因素直接引起人类遗传性缺陷。各种病原微生物包括细菌、支原体、螺旋体和真菌等在体内生长繁殖，并通过其代谢的产物破坏以及干扰人体正常的组织细胞生命活动，有可能引起变异反应，从而对身体的组织和系统造成不可逆的损害，或导致各种身心的功能障碍，引起组织细胞的全方位损伤。这已经成为从古代到 20 世纪初期人类产生慢性疾病或是死亡的重要原因。

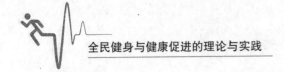
环境要素包含社会环境要素以及自然环境要素，它的变化对人类的健康影响巨大。阳光、水、空气、气候以及地理要素等构成了自然环境，它对健康有最直接的影响作用。①社会环境与社会文化紧密关联，社会制度、法律、文化、教育、经济等构成了社会文化的范畴，间接地影响着人类的健康质量和水平。社会制度确定了与健康相关的法律保障；法律法规规定了人的健康权；经济决定着衣食住行等基本的物质保障；文化要素影响着人们的道德、生活方式、风俗等；健康教育促进人们学习科学而合理的健康知识，树立正确的健康观念，最终养成较好的健康生活方式与行为方式。

影响人体健康的生物因素主要指生物要素，主要指由病原微生物引起的感染性或传染性慢性疾病，比如，家族遗传或者是非遗传的变异缺陷，导致了人体发育的代谢障碍或者畸形等不良状况。

生活方式的要素，又可称为生活行为方式要素，主要包含个体或者集体在长时间受相应的民族、文化、社会、风俗、经济等习惯性要素影响而形成的固定的生活态度、习惯、观念和制度等，对生命体具有积累性、广泛性和潜在性的影响作用。在现代社会中，大部分人存在健康问题，主要原因是没有形成良好的生活方式，没有良好的行为方式，没有循序渐进地提升自己的健康知识和健康观念。不良的生活方式是影响健康的重要元素之一。

医疗卫生服务的要素是指卫生专业人员或者卫生机构为了防止疾病、促进全体人民的健康，采用卫生资源以及各种手段，有目的、有计划地向个体或者群体以及社会提供必要的卫生服务和基本卫生医疗条件、健全的医疗卫生机构、完善的服务网络体系，以及有充

① 冯叶芳，张仲，吴伟旋，等. 哈尔滨市城镇居民亚健康评定量表的常模研制 [J]. 中国全科医学，2021，24(10)：1260-1265.

足资金投入的卫生资源配置，这些都会对个体或者是群体的健康产生重要影响。反之，如果卫生医疗体系或者卫生服务存在大缺陷，人们的卫生医疗水平和卫生医疗质量就会面临极大挑战。

环境要素是目前所有健康问题都与之息息相关的外在要素。在当今社会经济发展形势下，环境要素对人的健康影响越来越大，良好的地理位置、生态环境、基础医疗设施和住房条件，能够促进人们健康状态的形成，因此，良好的环境是健康的基础条件。医疗卫生服务因素包含国家卫生服务质量和内容以及医疗卫生条件，关系到卫生部门的相关重要职能，对人们的健康有着多方面的影响。个体的行为和生活方式对健康的影响主要是指人们受社会、风俗、家庭、文化等的综合影响，包含危害健康的行为和不良的生活方式。它在很大程度上影响着人们的生活意识和生活行为。不良的生活方式和行为方式有很多，比如，酗酒、吸烟等，其中，吸烟是导致罹患恶性肿瘤、冠心病、肺癌、肺病以及慢性呼吸系统疾病等多种慢性疾病和癌症的重要致病元素。最后是缺乏基本的体育运动量。缺乏体育运动的生活方式是不健康的，会大大增加不锻炼人群心脑血管疾病的患病概率。

人由动物性的人转变为社会人的过程中，必须不断调节自身的身心状态适应环境的变化，否则很容易产生各种心脑血管疾病和心理障碍①。当人受到应激事件的刺激时，通常刺激会对身体的免疫力和机能造成不良影响。如何处理好应激事件的刺激，取决于个体对事物的基本认知和多维评价，以及对它的综合反应。

总之，影响心理健康的因素大体可分为客观因素和主观因素两

---

① 张正宇 . 高中生心理健康水平及其影响因素的研究 [J]. 文理导航：教育研究与实践，2017(10): 194.

大类。客观因素是人的遗传和生活环境，主观因素是人参加社会活动的各种社会要素的综合体。

遗传使父母可以通过染色体把祖先的很多生物特征传递给下一代，比如，人体的形态、五官、构造、神经系统和机能特征等。这些遗传的特征就称为"遗传要素"。在遗传中，对人的健康有重要意义的是人的机能与身体结构。遗传素质不仅是身心发展的物质基础，也是心理不断完善的重要基础条件。人的自然生活环境能够使遗传提供的身心发展要素从可能性变为现实。

人出生以后，首先接受的是家庭环境对自身的影响，它对人的身心发展具有极其重要的影响，是奠定人一生身心健康的基础。家庭是否完整、家庭的各个成员之间关系是否和睦、家庭的教育方式是否符合科学、家庭的经济条件以及家庭生活的氛围等，都会在各个维度影响下一代的身心健康。如果家庭氛围非常和睦，关系非常和谐，下一代的人格就会更加健全，身心就会更加健康。反之，在单亲家庭中成长的孩子，他们往往会比较敏感，表现为对爱的渴求和不自信。由于家庭结构不完整，他们得不到父亲或母亲的呵护，当看到别的家庭关系和睦时，就会产生心理落差，最后导致自卑，甚至抑郁。因此，家庭对下一代的心理影响非常大。

作为家长，一定要时刻关注孩子的身心，特别是心理健康，要让孩子形成良好的行为方式和生活方式。如果发现孩子有不好的倾向，要及时与孩子进行良好和平等的沟通，为孩子的心理健康成长保驾护航。当孩子逐渐长大，接受学校教育时，学校的学风、校风，教师的师德，学生之间的关系，都会影响孩子健康心理的形成。进入社会以后，同事之间的人际关系、工作环境等，也会对个人的心理健康产生不同程度的影响。

现代社会有很大的竞争压力，随着社会的不断发展，优质资源的稀缺性使各种竞争变得愈加激烈，竞争范围变得更加广泛，竞争趋势也越来越明显。这种竞争渗透到人们的学习、生活和工作等各个方面，已经从人与人之间的竞争扩张到人与动物，以及人与自然界的全方位、多层次竞争。只要有竞争就会有压力存在，这种压力可以转化为人不断奋勇向前的巨大内在推动力，可以成为人们通向胜利的"金钥匙"。但是，对于心理有缺陷的人群来说，这种压力也可能成为压死骆驼的最后一根稻草，它会形成一种无形的锁链或者精神负担，制约其前进，最后导致其透不过气，进而出现神经衰弱、抑郁等心理障碍。有的人可能因为害怕竞争而选择逃避；有的人因为挫折而感觉到懊悔、自责，甚至出现过激行为。与此同时，为了生存和发展，人与人之间需要充分合作，然后根据自身的特长进行分工，这使得人际关系越来越趋向复杂化。

在分工合作中趋利避害是人之常情，行为的取舍矛盾常常出现，失败的挫折感以及胜利的喜悦常常会出现在生活中。这就要求人们在享受成功喜悦的同时，还能具备心理的韧性，不被困难和挫折打倒。如果缺乏相应的人际交往能力和面对挫折愈挫愈勇的精神，心理就会失去平衡，最终引发心理失衡障碍。已有研究显示，不良的情绪和恶劣的心境最容易影响身体的机能状态，而积极、快乐、向上的情绪会对身体的健康和机能状态产生正面影响。

早在两千多年前我国中医就对这方面的研究进行了丰富的探索。《黄帝内经》指出，不良地情绪状态会使人产生慢性疾病，身体的情绪和机能状态是不能孤立存在的，两者之间有着不可分割的联系。在当今社会，很多人会说"我没有病，但我不健康"，这种"没有病"指的就是医生没有诊断疾病的依据，"不健康"是指身体功能上

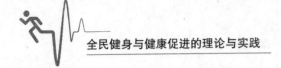
有很多不适应的症状和心理体验。这种处在健康和疾病之间的中间状态通常被称为"亚健康状态"，国外学者把这种状态称为"慢性疲劳综合征"。

世界卫生组织的调查研究结果显示，真正完全健康的人在人群当中不会超过5%，患病的人占20%左右，而75%的人往往处于亚健康状态。亚健康偏爱白领以及精神压力相对较大的人群。他们往往人际关系相对复杂，工作压力大、竞争压力大、考核压力大，同时在生活上不太讲究，比如，早餐会吃得比较马虎或者不吃，中餐质量相对较差，而晚餐却相对比较丰富，各种应酬很多。这类人群对健康没有足够的认识，甚至不以为然，在遇到身体状态不好的情况时，往往选择硬扛。他们这种状态如果持续的时间较长，就会由亚健康状态转变为疾病状态，各种慢性疾病也会接踵而至。

如果能够加强保健，养成健康的生活方式和行为方式，就有可能回到健康状态。一般观念中，医生的天职是救死扶伤，其实不然。中共中央、国务院印发的《关于深化医疗卫生体制改革的意见》明确表示，医生作为医疗卫生系统的关键角色，对健康教育和健康促进都有主要责任。所以，为了提高大众的健康水平和幸福感，各部门必须群策群力，提高全体公民的健康水平和幸福感，将大部分处于亚健康状态的人群拉回到健康状态。

身体健康，是指人的身体结构完整，身体机能基本处于正常状态，而人的身体结构和机能是人的基本生物学指标，人的生命活动需要各个系统之间协调一致地进行复杂的、高级的生理活动。身体健康是基础，没有了生理层次的健康，其他健康层次就无从谈起。影响身体机能和健康水平的因素非常多，比如，食品安全、生活方式、行为习惯以及环境要素等。而对于个体而言，要想方设法不去人口密集的场所，降低感染传染病的可能性，少吃或者不吃烟熏油炸食品和一些来源不明的"三无产品"，减少因不良饮食的摄入对人的健康造成的潜在危害。同时，应该养成良好的生活习惯和生活方式，拒绝一些危害人体健康的生活方式，如抽烟、久坐、酗酒、熬夜等，以此来维持人的身体健康。

心理健康是相对比较宏观的概念，它是看不见、摸不着的，是一种相对无形却又非常重要的生命存在。它包含的要素非常广，因此对它的概念鉴定，至今还没有形成规范化标准。心理研究机构和学者从各自的认知出发，提出的心理健康定义，至今已经有数百种之多。

在1946年举行的第三届心理卫生大会的讨论中，心理健康被定义为在智能、心理以及情感上与其他人心理不产生相对矛盾的范围内，将个人的心境发展为最佳的心理状态。后来，国内外学者又对心理健康展开了多个维度的论述。有人认为，心理健康是个体在个人或者环境许可的范围内所达到的最佳功能状态，是一种优化的状态，但不是绝对完美状态。还有人认为，心理健康是一种持续性和谐的心理状态，主体在此状态下能够做出相对的适应性行为，具有相对活跃的行为方式，能够发挥身心的潜能，是一种十分积极、丰富的心理状态。心理健康不仅仅是没有心理疾病，早期的精神病研究认为，心理状态的健康是人们对环境以及相互间达成快乐的一种适应性状态，它不应该只是效率要素，也不是只有个人的幸福感和满足，而是需要三者之间形成一种相对和谐的状态。由此可见，心理健康能使人保持敏锐的感知、相对平和的情绪状态、适应社会环境的行为和心情状态。有人认为，心理健康就是与社会的某一社会行为水准相适应，一方面能够为社会所接受，另一方面能够给人带

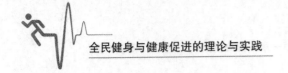

来快乐感和幸福感。还有人认为，心理健康是有意识地引导人的潜能的一种力量，以达到人格的健全和协调、对人性的容忍及认可，以及对未来有可能出现的趋势和行为状态的预知能力。

三、亚健康的由来

20世纪80年代初，随着社会的产业化和高新技术产业的发展，人们的价值观念、市场观念发生了急剧变化，同时，社会的各种竞争要素加剧。这一切都极大地改变了人们的生活方式、生产方式以及行为方式。人们的应急性心理现象明显增多。此时，很多人出现了易疲劳、食欲不振、头昏脑涨、记忆力衰退、心情郁闷、情绪不稳定等病症，但又查不出具体的病因，尤其在经济发达的地区，出现此状态的人数正在逐年增加。疲劳成为发达国家非常严重的健康症状，这种症状一直困扰着医学界。直到20世纪80年代中期，苏联医学家布克曼通过研究发现，人体除了健康和疾病两种比较明显的状态外，还存在一种中间状态，即第三状态。1996年，中国药学会在北京召开的亚健康学术研讨会中将这种第三状态称为"亚健康状态"，从此就有了"亚健康状态"这个称谓。

各个国家的学者对亚健康进行了卓有成效的研究，但是没有达成共识。直到1988年，美国疾病预防控制中心把这种中间状态命名为"慢性疲劳综合征"，并明确了这类中间状态的定义。其实，在美国将第三种状态命名为"慢性疲劳综合征"之前，它有很多称谓，其中一种就是"病毒综合征"，其认为这种状态是由某种病毒引起的。这个定义包含了两个方面的内容：一方面是疾病状态描述和排除的标准，另一方面是这种状态必备的一些基本症状。如此看来，慢性疲劳综合征似乎更加合理。

1990 年，澳大利亚的研究人员提出了自身对慢性疲劳综合征的看法，这个定义涵盖了美国疾病预防控制中心的一些要素，也补充了包括短期的记忆力下降和注意力不集中的基本症状。1990 年，英国研究者发现，这两个定义都不能与现实很好地结合，于是他们构建了新定义，该定义详细地描述了慢性疲劳综合征一些比较明显的症状，包括心情紊乱、疲劳、睡眠不足、肌肉疼痛等。

　　1992 年，日本厚生省在美国标准的基础上，也制定了慢性疲劳综合征的一些基本标准，这些标准囊括了 1988 年美国疾病预防控制中心构建的基本要素，除制定了确诊的标准外，还将未具备诊断标准的疑似患者纳入诊断范围。这个标准分为主要条件和次要条件。

　　1994 年，由美国疾病预防控制中心牵头，英国以及澳大利亚等各国代表对慢性疲劳综合征提出修订，这个定义是目前为止国际上相对比较认可的标准，得到了各个国家研究者的拥护。2001 年，加拿大的专家提出了慢性疲劳综合征定义。这个定义不像 1994 年的定义，它只是为研究工作服务。这个定义还为临床的诊断服务描述了各症状诊断标准，以及各要素的量化诊断值。2003 年，国际慢性疲劳综合征研究团队再次补充了 1990 年的定义，把社会的发展和人的需求作为根本出发点，把人的健康作为基石。随着社会的发展和经济水平的提升，人们的生活水平得到明显提升，人类生存条件不断得到改善，这是正面要素。随着社会发展，也出现了负面要素，文明病的不断产生已经成为影响人类幸福感和综合生活水平提升的制约要素。促进健康、增强体质已经成为现代人共同追求的基本目标。①

　　对健康状态研究的不同侧面，需要用变化、发展、动态的观点

---

① 谢雁鸣，刘保延，朴海垠，等 . 基于临床流行病学调查的亚健康人群一般特征的探析 [J]. 中国中西医结合杂志，2006, 26(7): 612–616.

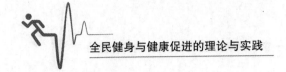
认识健康和亚健康的定义以及它们的影响。还必须了解健康、亚健康和疾病之间的转换关系，从而为人类社会的健康提供有效的运动处方，以提升健康状态和健康水平以及人体适应外界环境的能力。随着现代科学技术水平的不断提升，人们对健康的认识发生了本质变化。它与人体的动态平衡一脉相承，对疾病要素的关联进行了限定。还涉及健康范畴要素的扩展，在健康与疾病之间出现了一个特殊的状态，即有机体的不适症状，但是又没有办法找到明确的致病因素或者是疾病状态。1995 年 5 月，在北京召开的首届亚健康学术研讨会上，首次对亚健康状态和亚健康状态的概念进行了确定。亚健康状态的提出标志着人们对疾病和健康状态的理解更加深刻，也从以预防为主的角度对疾病进行了重新认知，这是未来健康医学发展的重要方向与思维着力点。

四、亚健康状态的表现

亚健康状态的表现有很多，包括心理的亚健康状态、人际交往的亚健康状态以及躯体的亚健康状态。其中，心理的亚健康状态表现为焦虑、睡眠障碍、易怒、烦躁，进而会出现心悸、慌乱、不安、手足无措等；人际交往的亚健康状态表现为人际交往障碍，与他人之间的心理隔阂变大，与人的交往频率下降，人际关系变得非常微妙，常常会感觉到抑郁、空虚、自卑，最后自闭；躯体的亚健康状态表现为头疼、咽喉疼、机体酸痛、困倦、容易疲劳等。

亚健康状态主要是由于现代生活节奏快，纷繁复杂的社会信息的多维刺激使人的交感神经处于长期兴奋状态，导致自主神经功能系统发生集体紊乱。如果长期的身心紧张得不到及时调整，就会出现心理状态不稳定、神经失调、内分泌紊乱、免疫力低、易疲劳、食欲不振、睡眠质量不高等症状。而长期处于这种状态，人体血液当中的氧浓度和组织细胞对氧的利用率都会变得非常低，影响组织细胞的生理功能，进而影响人的心理状态，比如，会出现心情比较郁闷、烦躁以及生活变得无序，人与人之间的情感变得非常淡漠，情感交流频率也会变得非常低，交往会出现物质化、形式化以及浅层化，情感受挫的概率会大大增加，对感情生活的需求会下降，人会变得更加孤独，缺乏亲密和关系较好的朋友，最后出现恼怒、无助、无聊、空虚、寂寞、抑郁等心理状态。

五、健康与亚健康状态的转化

身体健康是最重要的幸福感标志性指标之一，是具有良好人际交流状态和机能状态的基础。良好的机能状态和体质有助于提高身体的免疫力，减缓机体的衰老，改善自我的综合形象，提高生活的满意度和社会的适应力，对社会的认知和社会交往技巧具有良好的促进效应。良好的身体状态还是提高工作效率、享受健康生活、增强对突发事件的应变能力的基础要素。

亚健康状态是介于疾病和健康之间的一种生理低质量的特殊状态，又称为"灰色状态""病前状态""前病期"等，有不同程度和不同量度危险要素的差别。但是，从整体上来说，机体没有发生器质上的改变，只是一种内分泌失调、身体机能低的状态。机体由健康状态向亚健康状态的转化和发展，是由于在学习工作和生活中存在着各种潜在的致病源，比如，用脑过度，身体的主要器官处于高负荷运转状态，没有得到良好的恢复，睡眠不足、过度疲劳导致精力下降和体力透支。高强度的生活和工作负荷以及激烈的竞争环境，造成人的精神高度紧张。另外，饮食不合理、运动极度匮乏也是导

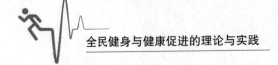

致生理机能下降的重要因素。身体的能量过剩或者营养不良、身体恢复没有达到正常频率也会导致身体机能和免疫力下降。不良的心理和精神刺激、社会快速变迁和发展，生活观念、生活方式、家庭观念的急剧变化，也会造成部分心理状态容易失衡的人产生心理障碍。在这种综合因素的作用下，机体将朝着亚健康趋势发展。

疾病主要是由致病因子破坏身体代谢，导致人的功能和结构受到损害。疾病中的结构功能代谢变化，可以统称为"病理变化"。疾病的发生模式可以归纳为三个阶段：第一个阶段是细胞功能障碍；第二个阶段是局部组织受到伤害；第三个阶段是器官功能开始逐渐衰退。由亚健康状态到疾病是身体转化的渐进过程，这个过程由症状演变为病态，实质就是身体内部由调节紊乱到内部器官系统发生功能性紊乱的过程。身体在良好的内外部环境下，细胞的功能通常表现为正常，人体不会出现各种病态，而当身体处于病理变化中时，人的器官和细胞开始出现障碍，人体就会出现头痛、头晕等病态。

身体由健康到亚健康再到疾病，是一个连续的、动态的和长期的渐进过程。亚健康状态是现代生活中非常容易出现的状态，它的上游部分通常与健康状态重合，下游部分又常常与疾病部分重合，在重合的部分可能与健康或疾病状态混在一起，难以区分。因此，疾病、亚健康、健康三者之间的状态并没有完全清晰分离，亚健康状态是不断变化的，既可以向健康状态转移，也可以向疾病的方向转变。亚健康状态如何进一步发展，取决于自身的免疫力水平朝哪个方向变化。

2019 年，我国出台了《健康中国行动（2019—2030 年）》等相关文件，围绕疾病预防和健康促进两大核心，提出将开展 15 个重大专项行动，促进以治病为中心向以预防为主转变。随着健康行动方案出台，国家旗帜鲜明地强调，各种体育运动形式是保持健康生活状态的基础条件，体育运动可以增进人的健康、提高人的幸福感和生命质量、减少不必要的医疗开支，是最有效、最积极的健康促进手段。21世纪是围绕着大健康进行各种形式体育锻炼的时代，是人类追求健康和幸福感的时代。传统理论认为，健康就是身体没有疾病，处于一个平衡状态，但是随着物质水平的提高和人们对幸福感理念的转变以及医学水平的进一步提升，健康的观念正不断地拓展和深化。

身体健康是健康的基础条件，而心理健康是健康的重要内容。身体健康有很多标志性条件，如便得快、吃得快、睡得快、说得快、走得快，这就是通常所说的"五快"健康标准。心理健康需要做到"五有"，即有正常的思维能力，有良好的社会交往能力，有相对和谐的人际交流能力，有非常稳定的情绪，有相对健全的人格特征。

健康是人的一项基本权利，健康也是人生最大的财富，健康还需要有良好的心态。世界卫生组织在21世纪提出的健康新概念为，时刻保持充沛的精力，能够从容不迫地应对日常生活中的各种压力和挑战，处事非常乐观，态度相对积极，勇于承担各种难以完成的任务，而不是挑剔地选取；善于调整工作节奏，睡眠质量较好，能够应对各种复杂环境，适应外界环境的变化；对传染性疾病和流行性感冒具有较强的抵抗力，体重适当，体态相对均匀，眼睛明亮，对外界的反应比较敏锐，眼睑没有发炎的症状，牙齿洁白且没有缺损、无疼痛感，牙龈正常，没有蛀牙的情况，头发比较光洁、无头屑，肌肤光泽而有弹性，走路相对轻松并且具备活力。

健康不是仅仅指没有疾病或疼痛，而是多维的要素组成的系统状态，包含社会适应良好以及身心的健康状态。可见，要有强健的

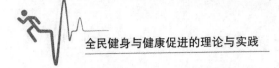
体魄和积极乐观向上的精神品质，才能与所处的自然和社会环境保持高度的协调统一，才能有良好的心境。世界卫生组织倡导的健康四大基石如下。

第一，要有全面且均衡的膳食及营养。每餐以八分饱为衡量标准，主食由杂粮和细粮充分搭配，减少动物性脂肪和糖的摄入，增加新鲜蔬菜、水果和豆制品的比例。限制食用盐使用总量，每人每天摄取盐的总量小于 6 克。

第二，经常参加各种形式的体育锻炼，运动需要每天坚持，而不能三天打鱼，两天晒网。在各种运动形式中，小强度的运动形式相对于强度较大的运动形式，更有利于人的身体健康。过量的运动或者强度过大的运动形式对人的健康是无益处的。运动项目可以因人而异，每周可以做 5 次中等强度的运动，每次需要坚持半个小时以上。青年可以通过长跑、球类运动、游泳等形式进行锻炼。中老年人由于身体机能下降，容易在运动时产生运动损伤和意外，可以采取骑自行车、慢跑、爬山、跳广场舞、打太极拳、打门球等强度相对较小、运动量适当的运动形式。此外，中老年人也可以选择一些自身感兴趣的小强度运动项目进行锻炼。

第三，吸烟有害健康，吸烟会提升冠心病、高血压、支气管炎、肺气肿等多种慢性疾病的发病概率，不管是处于什么年龄阶段的人，都可以通过戒烟获得健康方面的益处。酒应少饮或者不饮，不管喝多少酒，对人的身体健康都是不利的。

第四，要保持心态的平稳、和谐。健康的四大基石中，心理的平衡状态是极其重要的元素。要保持心理平衡，就要做到"三个乐"，即助人为乐、自得其乐和知足常乐。做到"三个正确"，即正确地对待他人、正确地对待社会、正确地评价自身。做到三个"既

"要"和"又要"：既要尽心尽力地为社会做贡献，又要尽情地品味美好的生活；既要在事业上不断开拓进取，又要在生活中有颗对待挫折和困难的平常心；既要在本职工作当中精益求精，又要抽出时间融入多姿多彩的业余生活。

早在五千多年前，中国和印度的医生就意识到了健康与运动之间的关联。早在公元前 5 世纪，古希腊人就能通过运动预防疾病。16 世纪，意大利医生描述了各种运动对儿童健康的益处，并对患病人群和老年人的运动进行了分类。18 世纪早期，意大利医生在研究了职业人群常见疾病和致病的可能性因素后，指出了某些职业会对健康带来不利影响。比如，裁缝和修鞋匠，由于他们长时间保持一个姿势，参加体育锻炼的时间相对较少，很容易出现一些身体疾病，而其他一些不需要长时间久坐的职业人群却可以避免这些问题。

由此可见，久坐和不经常运动的人罹患各种慢性疾病的概率会大大增加。医学家做过对比实验，通过对伦敦 3000 多名司机与售票员进行研究发现，与需要穿梭于车厢内的售票员相比，工作过程当中久坐不动的驾驶员患心脏病和其他慢性疾病的概率都相对较高。而售票员患冠心病和其他慢性疾病的概率相对较低，并且发病的年龄相对延后。因此，提出假设，即从事比较活跃的体力劳动的人比静坐方式进行工作的人患各种慢性疾病的概率大大降低，即使出现疾病也会比经常久坐不动的人群在时间上有延迟，而且程度相对较轻。

此后，关于体育运动与体质以及心血管疾病之间关联性的研究越来越多，尤其是在 1991 年以后，各种体育运动形式与体质健康状况以及心血管疾病研究的论文数量开始急剧增加，此类研究成为运动科学与公共健康研究以及两者之间融合研究的重要方向。各位

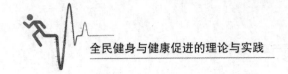

专家、学者围绕铁路工人、裁缝、司机等各类人群开展了多种形式的对比研究，开始探讨心肺能力与锻炼人群罹患各种慢性疾病之间的关系，引起了公共健康研究与运动科学研究领域的极大关注。对比研究发现，心肺能力作为衡量人群体育锻炼水平的重要生理维度，与各人群死亡率以及罹患各种慢性疾病的发病率高度相关。

我国也面临着西方国家之前遇到的各种问题，比如，饮食问题、食品卫生问题、生活方式带来的各种健康问题等。这些慢性非传染性疾病由于难以治愈，治疗费用高，周期长，大量的医疗资源被消耗，很多脱贫家庭由于疾病而返贫。这种现象也引起了政府和相关部门的关注，人们开始意识到这个问题，即仅凭医疗和医药手段促进人们的健康是不太现实的，而且要付出巨大的代价。要解决这些难题，完全可以采取防治结合的策略，减少慢性疾病的发生，同时有利于提高人们的幸福感和生命质量。因此，健康促进战略越来越受到广大人民群众的欢迎和关注。体育运动作为健康促进的重要手段和方法，自然是人们关注的重点内容之一。

人们希望通过规律性的体育锻炼形式，形成健康的生活方式，以达到增强体质、促进身心健康以及提高社会适应能力的多方面需求。但目标和现实状态总是存在着一定的差距，社会生活当中有部分人对体育运动还存在着偏见和不理解。比如，有些人认为体育运动可有可无，工作太忙的时候加点班没有关系，长时间不进行体育锻炼也不会对身体造成很大的危害。但是，此类生活方式对身体的危害往往需要很长时间才会表现出来，体育锻炼对人身心健康的促进也需要很长时间才能逐渐体现出来。体育锻炼需要专门的器械和场地，也需要有一定专业技能的人进行指导。如果自己不懂得如何锻炼，就会怕别人嘲笑导致锻炼的积极性减弱。这些错误的认知导致人们参加锻炼的次数减少，甚至放弃。

因此，健康促进要求对大部分人群进行教育，从正确的体育观念入手，通过实践的教育和理论的传授，让人们真正从内心懂得体育锻炼对自身的价值，慢慢培养终身锻炼的体育习惯，让大部分人能够随时随地进行锻炼，并且按照科学的锻炼强度进行锻炼，根据自身的身体状况和特殊的个人身体条件制定相应的运动处方。这对于科学参加体育锻炼具有重要的价值。另外，体育锻炼是比较复杂的系统工程，需要全社会各个部门和各类人群的综合努力。单人的体育锻炼起到的作用往往不是很明显，需要通过个人的体育参与行为，带动大部分人加入体育锻炼，形成全民健身、全民锻炼的社会氛围。

各个学校、工作场所和社区的体育健康促进服务体系，需要调动各方面的积极性，最终达到健康促进的目的。作为管理部门和政府部门，营造体育锻炼的良好设施环境、体育文化环境，制定和出台鼓励政策和法律法规，对体育锻炼的舆论加以正确引导，能够提高体育锻炼者的动机水平和自信心，同时为锻炼人群提供必要的场地和器材，使人们真正感受到各种体育锻炼形式的便利与舒适。有条件的社区或单位可以通过招聘具有专业技能或体育指导技能的人员为职工提供专业的体育锻炼指导，使人们科学地掌握锻炼的技能与方法，充分体验到对抗性运动的乐趣，让其更加主动地融入体育锻炼的浪潮。当然，外部环境只是影响人们积极参加体育锻炼的客观因素，锻炼行为的持续与个人的认知和自身获得的体育锻炼乐趣密切相关。因此，在社会体育锻炼中，需要提高锻炼人群的技能，让其在体育锻炼中充分感受到体育带来的乐趣，这样锻炼者才会坚持下去。

第二章　健康促进行为理论基础

第一节　健康促进行为涉及学科

早在远古时代，人类就意识到各种形式的体育运动对健康的重要促进作用。直到 20 世纪初，研究学者才开始系统地发现体力活动对人体健康促进的重要价值，运动科学家开始与生理学家对不同类型的体育运动形式引起的身体功能变化进行实证分析。运动生理学的基本原理为理解体力活动与健康之间的关系模型奠定了坚实的基础，也为其他领域的科学研究提供了理论基础。

一、运动生理学

运动生理学是体育科学的基础学科，是人体生理学的重要分支。运动生理学研究人体在各种形式体育运动和运动训练的影响下的机能与结构的适应性变化，研究人体在运动过程中产生的生理机能和生理指标变化的规律，以及形成和发展体育运动技能的生理学规律，探讨人体在各种形式的运动过程中的生理机制，论证并确立各种科学的训练方法和训练手段。

20 世纪初，运动生理学家开始研究有规律的体育运动对人体健康和身体机能的影响。哈佛大学的疲劳实验室是最早开展运动科学实验的实验室之一。大多数运动生理学家在早期研究中研究的是人的运动能力，而不是各种形式的体育运动对人体健康的影响。20 世纪中后期，运动生理学领域的各种研究开始集中于研究一次或长期的体育运动对健康的促进作用和对身体机能的影响。例如，有学者

论证了运动对血浆、甘油三酯、高密度脂蛋白和其他脂类的重要影响。另外，也有研究证明，无论是正常人还是患有某种疾病的人，适量的运动会对人的身体机能产生正面影响。

二、流行病学

流行病学研究人体疾病的分布以及发病概率的高低，确定与特定疾病发生率相关的危险要素。譬如，1987 年，意大利的一位研究者第一次证实疟疾的鸟类传染性。流行病学家还完成了吸烟能够导致肺癌以及冠心病的病理学推理。流行病学研究真正开始于 20 世纪 40 年代末期，很多研究学者开始潜心研究身体活动对人体健康的影响。有学者发现，由于双层巴士的售货员每天频繁地上下台阶，他们患冠心病的概率比一直坐着不动的司机要低。有学者主持了工人的实践研究，发现从事城市体力劳动的工人身体健康水平要高于普通人。学者对体力活动与健康之间的关系模型的研究贯穿整个 20 世纪。

有学者发现，男性心脏病发病风险与体力活动的水平呈负相关关系，其研究样本包含各类人群，如码头的装卸工和流水线上的工人。在公共卫生领域的研究样本还包含哈佛大学的毕业生，他们大部分人长时间久坐不动，因此，罹患心脏病和冠心病的概率要高于普通人。有研究者逐步阐明了体力活动与流行病学的关系，使其成为流行病学的一个重要研究领域。体力活动与人体健康之间的关系模型和互动机制的研究得到了有效推进。

三、临床科学

临床科学主要研究一些治疗措施对患者的积极影响。20 世纪 50 年代，体育运动首次成为治疗疾病的手段，心脏病学的先驱开始把体育运动作为冠心病运动康复的重要手段和方法。与此同时，有学者研究发现，卧床休息是心脏病患者常用的方式，而这一常用的方式对患心脏病的人可能是有害的，因为心脏病患者不仅要卧床休息，还要进行适量的体育运动。适量的体育运动对心脏病患者的康复可以起到良好的促进作用。20 世纪 70 年代中期，有学者开始支持体育运动对心脏病患者是有益的这一论断。美国心脏协会的研究报告表明，发生过心肌梗死后仍存活的患者，在参加适量的体育锻炼后，死亡的风险要远远低于那些长时间静坐的患者。此类研究表明，各种形式的体育运动对健康有极大的益处。

四、行为科学

体育活动对保持人体正常的生理功能具有重要意义。因此，心理学家和其他行为学家对体育活动与健康之间关系的研究一直在持续推进。同样地，行为学家最开始的研究主要集中在动作技能的学习规律和运动技能的效率提升上，而不是体育活动对健康的促进作用上。但是，随着科学界对体育活动与健康之间的关系研究的不断深入，健康心理学家开始将各种形式的体育活动作为个体促进身体健康的重要手段。

心理学家通过研究参与各种形式的体育运动的正面影响，发现社会和环境因素共同决定了人身体机能水平和幸福指数。另外，行为学家还常常致力于体育活动对健康促进的干预方略与方法的研究，包括对个体、小组和社区的干预措施。有学者将人的阶段性变化理论应用于各种形式的体育活动前期干预中，还有人提出经常性开展社区体育活动对于提升社区居民的身体机能整体水平具有举足轻重的作用。

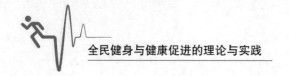

五、分子生物学和遗传学

从 1953 年发现 DNA 的双螺旋分子结构开始，分子生物学的相关技术得到迅速发展，无数科学研究结果表明，运动生物化学是其中重要的研究领域。研究人类特定的基因组排列成为人类运动能力及运动应答影响机制研究的重要议题。20 世纪 80 年代，有人通过对同卵和异卵双生子的对比研究和观察，发现了不同的遗传因子对性状表达的影响。此类研究发现，在对锻炼的反应上，同卵双生子比异卵双生子的相似程度更高。大规模的家族谱系研究结果表明，与健康相关的运动对训练心理适应产生积极应答主要取决于遗传因素。分子生物学在未来的运动科学研究当中扮演着重要角色。譬如，已有研究结果发现，健康或活跃的生活方式和行为方式能够延缓高血压、高血脂和高血糖的进一步恶化，但是仍然需要进一步的研究确定某些特定的基因型个体比其他基因型个体更容易罹患此类疾病。久坐不动的工作方式和行为方式会对患高血压的概率造成影响，有可能某种基因型的个体对各种运动形式的干预表现得更加敏锐。

综上所述，各种形式的体育活动与健康促进作为公共卫生与运动科学相交叉的研究领域，是与健康相关的多种学科相融合的结果，它以促进人们参加各种形式的、有规律的体育活动为导向，倡导积极健康和阳光的行为方式与生活方式，创建有利于健康的社区环境和人文氛围，从而增强人的体质，提高公共医疗和健康卫生水平。近年来，健康促进与各种形式的体育活动之间的关联和模型以及机制的研究，成为科学领域和公共卫生领域交叉研究的重点议题。

第二节 健康促进行为相关理论

一、自我效能理论

自我效能感是个人执行某行为前对该行为能够完成的水平具备的信念或者判断的把握程度与自我评价。自我效能感离不开个体对自身综合素质和能力的判断，强调个人在成就行为中的重要程度，这与东方文化在此问题上的解释紧密关联。运动锻炼使参与者更加集中注意力于运动本身，他们会因此投入更多的精力和时间，调动自身的情感认知行为的主观能动性，并积极参与，以提升自身的健康水平和身体机能。这对挖掘其身心潜能，提升自身对体育运动形式参与的主动性有积极意义。

虽然大多数人认可生命在于运动，但不是每个人都有终身锻炼的意识和习惯。这些人缺乏运动、长时间久坐、成为"低头一族"、身体机能低，最主要的原因并不是他们缺乏运动技能或没有从事体育运动的能力，而是他们对自身运动能力的判断和运动效能信念出现了偏差。当个人的能力信念及自我效能出现偏差，尤其是自我效能影响运动的积极性时，个体在特定的情境中对运动的自我效能感就会降低。这不仅会影响个体在该情境中运动的积极性和参与态度，还会影响个体运动技能的发展与学习[①]，最后的结果往往是个

[①] 杨青松．学业自我效能感对中学生考试焦虑的影响：链式中介效应及性别差异[J]．中国临床心理学杂志，2022，30(2)：414-420.

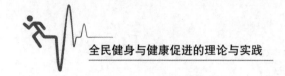

体采取回避、退缩和冷漠的态度，导致运动缺乏、身体机能低下、免疫力下降，最终陷入恶性循环。由于身体机能低下，个体逐渐养成不愿意运动的习惯，最终导致运动淡漠。

运动自我效能感是个体对于本身运动能力的基本信念，是锻炼者对自己能否完成运动任务的自信程度，是个体的主观判断。运动自我效能感影响个体对各种形式运动的努力程度、面对运动性挑战任务的态度、运动的坚持程度、体育运动参与策略、对各种形式体育运动的认知能力等，是运动综合能力的良好预测器。由此可见，学生运动自我效能感的高低，往往决定着其参与各种形式体育运动的积极性，以及终身体育锻炼意识的养成。要想提高锻炼者的自我效能感，需要从锻炼者的元认知出发，加深其对体育锻炼、健康促进的积极价值的认识，并逐渐使其形成体育锻炼的习惯，通过体育锻炼提高其身体的运动技能和综合素质，最终形成良性循环和良好的体育锻炼习惯。①

自我效能感，是指人对自己能否成功地进行某种成就行为的主观判断和推测，它包含两个紧密相关的因素：结果预期和个人效能预期。结果预期是指个体在特定情境中对自身行为可能带来的后果的基本判断，比如，锻炼者对自身锻炼行为产生的不良后果或有益促进的预判。个人效能预期是指个体对自身能力和水平成就某种结果的信念，如锻炼者对自己是否有能力提升自己健康水平的主观预判。

个体的自我效能感是人的主体因素的核心，渗透于人类社会活动和工作以及生活的各个方面，它不仅决定了个体人生的基本轨迹，

———————
① 吴士健，高文超，权英. 差序式领导、创造力自我效能感对员工创造力的影响：中庸思维的调节作用 [J]. 科技进步与对策，2021, 38(17): 144-151.

而且决定了个体的情感思维和行动模式，还决定了个体在面临压力、危机等否定性情境刺激时的身心反应方式，从而决定个体在工作和生活当中的成败以及幸福的指数。从社会学基础理论来推论个体的人生是否幸福、事业能否成功，不应该归结于环境因素，而是个人主观努力的结果。在此，结果预期指对自己某项行为会形成某种相应结果的预判，而个人效能预期是指对自己获得成功具备的信心。这两种预期之所以必须加以区分，主要是因为个人可能相信某种行为必然会产生相应的结果，但怀疑自己是否有能力去完成此类行为。

人的行为表现受人的效能预期的控制。进行体育锻炼的个体，对某种行为觉察到的效能感，不仅影响锻炼者在面对困难时采取的应对方式，也影响他的主体体验和克服困难时的坚定程度。如果个体的效能预期强烈，他的行为就更加积极，个体就能坚持更长时间的努力。同时，在进行此类活动时，他的整个情绪反应也是积极向上的。例如，某个锻炼者在锻炼之前对自己能连续坚持10天的锻炼的判断是积极向上的，那么这个人就很有可能为了达到自我满足和健身的目的，选择积极、努力地坚持。自我效能的功能主要在于控制和调节自身的行为，并通过自身的行为调控和影响相应的行为结果。一个自我效能感比较高的人，往往会倾向于选择适合自身能力水平并有一定挑战性的任务，而自我效能感较低的人则恰恰相反。

一个人在某方面的自我效能感越强，预测到的成功的可能性就会越大，那么这个人就越会努力尝试从事此类活动，他的此类行为的持续时间也就越长。反之，他就会逃避那些自己认为不能达到预期结果的活动，那么他的行为的坚持性也就越差。具有相对较高自我效能感的人，往往在生活中表现得非常有气质，并富有自信，在面对困难时勇于挑战，并相信自己可以通过自身的努力来克服困难，

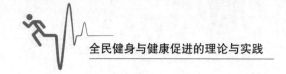
所以他们会努力地去追寻和实现自己的预期计划。反之，自我效能感水平较低的人，由于怀疑自己的能力水平不能胜任某项工作，行为表现往往是犹豫不决和茫然的，甚至对自己能够完成的任务都表现出怀疑态度。

长期的研究发现，自我效能感水平较低的人，由于总是担心自己会失败，往往会把思想纠缠在个人的缺陷和潜在的困难中，在行动中往往表现出来的是注意力涣散和紧张，甚至产生无所适从和无助感，从而影响他们在行动中的行为表现，最后导致行为能力和效率低下。反之，有强烈自我效能感的人，往往把注意力集中在创造性地解决问题上，他们在行为中表现出来的往往是执着和迎难而上，在困难面前常常使自己的创造性思维得到超常发挥，表现出优质的行为效率和行为能力。个体的归因是指他们解释或预测他人和自己行为结果的原因。人们通常会把成败结果归因于能力、努力、运气和任务的难度四个基本因素。自我效能感较高的人常常会把失败归因于自己的努力程度还不够，而自我效能感较低的人往往会把失败的原因归结为天资不够和能力不足。个体的自我效能感建立在四种信息源的基础之上。

第一，掌握总体经验，这是形成高效能信念的有效途径。成功有助于建立相对较高的效能信念，失败则会降低相应的效能信念，特别是在个体稳定的效能信念尚未建立时，失败次数越多，对效能信念的负面影响就越大。通过掌握的经验来发展个体的自我效能，不是采用已经形成的习惯性任务获得成功的体验，而是要运用行为认知的自我调控工具来管理变化的环境。个人对自我效能具有的信心，会决定他是否愿意面对困苦的情境。如果个体自认为没有能力去处理某类问题，就会产生逃避和恐惧的心理趋向；如果他判断自己有能力去应对某类情境，就会勇往直前。行为表现的成果是产生个人效能预期的最可靠的来源，因为它是根据个体的亲身经验获得的。成功经验往往可以提升一个人对自身能力的预期，而反复的失败则会降低这类预期。如果个人已经重复经历成功的体验，那么他建立起来的信心就是非常牢固的。即使他遇到一些挫折和偶尔的失败，也不会觉得非常痛苦，他会通过自身的努力逐一克服。

第二，观察榜样得到替代性的体验，也能影响个体的效能感。如果个体看见与自己背景和天资相对接近的人，通过自身的努力获得了成功，那么他们会相信自己有取得同样结果的能力。同样，当个体观察到别人通过较大的努力反而遭到失败时，也会影响自己的效能提升，并降低自身的动机水平。[①] 榜样对个人效能信念的影响主要取决于个体与榜样间的相似度。相似度越高，榜样成功与失败的事例就越具有示范性。如果榜样与个体差异性非常大，那么此类榜样对个体的影响就非常微弱。

第三，社会说服也是促进个体取得成功的重要因素。用言语说服人们，相信自己具有达成某项计划的能力，会使个体在遇到艰难困苦时付出更大的努力。但是，效能信念可能会被失望的结果粉碎，致使个体放弃原来的努力。因此，成功地建立效能信念，不仅要传递正面的效能信息，而且要建构如何避免失败的策略，并积极鼓励个体根据自身的进步衡量自身的成功，而不是与他人进行反复的比较。

第四，效能训练还依赖于进行能力判断时的情绪状态。人们把自己的紧张程度看作表现不佳的信号，正面的情绪能增强信念，负

---

① 陈翠，陈琼妮，盛彩华，等. 抑郁症患者压力知觉与其生命质量的关系：自我效能感的调节效应 [J]. 中国临床心理学杂志，2022, 30(2): 306-309.

面的情绪会降低信念。所以，可以通过增强身体状态，减少负面情绪倾向，纠正身体状态的错误，来改变自我效能。自我效能影响人们对任务的选择，以及面对困难时的坚持程度。例如，一个锻炼者认为自己擅长某项运动，他就会选择具有一定挑战性的任务。当面对困难时，由于对自己的能力有信心，他会坚持不懈，甚至付出更大的努力。而对于认为自己能力比较缺乏的锻炼者，他们就会选择相对比较简单的计划，这些计划不能使他们的技术能力得到提升。在他们遇到一定的困难时，也更容易选择放弃，他们最终的技术能力发展就会遭到限制。自我效能信念不仅影响了锻炼个体选择什么样的锻炼形式和锻炼负荷，也决定了他们终身锻炼意识的发展和构建。

二、健康信念模式

健康信念的形成往往涉及多方面的因素，首先是直觉严重性，即对疾病后果的主观综合评估。这种评估往往包含两个维度：一是疾病引起个人的不良后果，包括疼痛的程度、造成机能障碍的可能性以及死亡率等；二是由此引起的社会性后果，包括对目前家庭和谐、工作稳定性的影响，家庭情感感知以及综合社会人际关系的维持等，从而引起相对恐惧的心理状态。这种信念可能是使健康问题变得更严重的重要影响因素。在日常生活中，那些相信吸烟会导致肺癌的人往往会逐渐产生戒烟的思想倾向。不过很多人并没有依据他们对疾病严重程度的认知，从而加强预防疾病的行为。直觉到易感性是个人对感染一些严重性疾病概率的综合评估，它的尺度往往取决于个人对疾病和健康主观的评估。① 例如，当某些疾病发病率非常高，流行范围又非常广时，易感性往往就高，但是锻炼者通常对离自己遥远的危害性行为不予理睬。年轻人通常认为吸烟致癌往往要到年老的时候才可能发生。如何让锻炼者通过主观判断实施评价，形成对疾病易感性的信念是健康促进和健康教育的关键性要素。在流行病流行期间，锻炼者由于了解到疾病的严重性和易感性，往往会采取预防行为和措施避免受到相关伤害。知觉到益处主要是指仅认识到危害性和严重性通常还不够，只有意识到危害自身健康行为付出的代价，人们才会采取相关行动，并有明确的行动路线。例如，一个患冠心病概率很高的亚健康白领，即使是在严重的心脏病发作后，依然会出现一些不良的生活方式，如饮酒或吸烟。对于他来说，放弃现有的生活方式和行为方式的代价，比死亡的风险要大多了。他以自己的实际行动表达一种宁愿死亡也不愿意改变自身生活方式的观点。

戒除行为是行为巩固持久的前提条件。例如，有些预防行为会导致自己生活的不方便，自己比较痛苦且花费高昂。吸烟者意识到肺癌的危险性，会觉得戒烟虽然会导致自身的痛苦，但是他们认为非常值得，而他们本身也会因为有这种患病危险性改变自身行为。不过他们不愿意承受戒烟的相关不适，也许会认为戒烟会导致个人体重失衡，或者失去那些原有的友谊，这些都会对自己的戒烟行为造成不小的阻碍。

近年来的研究发现，强调代价的信息可能会刺激自身反省行为，而强调获益的信息可能会刺激保护健康的行为。有心理学家指出，

---

① 郭荣芬，韩斌如. 基于健康信念理论对社区居民健康素养的干预研究 [J]. 医学教育管理，2020, 6(1): 64-69.

知觉到易感性和严重性，确实为行为方式和生活方式的改变提供了内在动力，但只有知觉到效益，在建立信心后去克服障碍，个人才可能真正找到行为改变的有效途径。自我效能是对自身有能力改变自身行为方式和生活习惯的综合评判，即相信自己能够通过努力成功执行可形成良好益处的行为。个人往往善于寻找其他可以借助的外界力量，比如，家庭成员、教育者或是团体协助，用以间接帮助实现本身的期望和效果，从而影响个人行为的综合改变。

当前，针对健康信念模型的方法和工具往往会出现不一致。虽然很多人主张使用多样性的测量工具可提升模型的有效度和可信度，但是它直接导致了测量结果不一致，而且会增加相关研究之间的比较难度。近年来，有学者开发出了收益、障碍、信念之间关系的调查问卷，但这也无法降低模型的评判难度。

有人利用健康心理的模型，对慢跑者和不锻炼者的行为进行了相关预测，结果表明，不进行任何锻炼的人和慢跑者对健康问题的重要性和主观意识及引起慢跑的内在动力等方面的认知都存在差异。正如构建的模型所建议的，与经常不锻炼的人相比，慢跑者对不进行这项运动引发的健康问题有更加深入的认知，而且会认为慢跑非常有益于自身健康，引起此项运动的相关线索会很多，而障碍会相对较少。而主观觉察的易感性则对慢跑行为不具有预测性。总之，主观觉察的行为障碍是区分经常不锻炼者和慢跑者的最重要依据。不锻炼者将他们久坐不动、低头玩手机等行为归因于家庭和社会的压力、没有时间和精力、恶劣的外部环境、没有人相伴等，而这些要素往往又很难改变，而且不由个体的主观意识控制。

其他的一些研究也相继表明，主观觉察障碍是影响个体参加各种形式体育锻炼的要素。有研究表明，健康信念模型的组成成分对不同的健康行为的预测能力具有很大的差异性。有人利用健康信念的模型，对肥胖青少年和非肥胖青少年的饮食和锻炼行为进行了控制及预测，并以青少年的肥胖组和非肥胖组作为测试对象，对他们对肥胖的严重性认知、控制饮食和锻炼方式、可能存在的行动线索、改良性行为的艺术、社会知识的认知等进行了多维调查。

调查结果表明，具备健康信念和自我感知能力的青少年往往能控制自身的体重，有关的锻炼暗示能够合理解释肥胖青少年体育锻炼行为方式，最显著的暗示线索来自朋友的鼓励和自觉性行为。没有良好的健康信念模式的构成，就无法判断和预测青少年的主动锻炼行为。研究表明，针对青少年的体重控制计划，应当着重强调鼓励这些年轻人参加有氧锻炼，这种鼓励可以综合其内部因素和外部因素扩大影响和效果。

三、群体动力理论

对于非正式群体而言，群体的个体之间相互还不是很熟悉。例如，在当前群体形成的过程和发展阶段还没有形成完整的群体构成时，群体的动力系统还没有形成。群体动力理论的创始人是德国心理学家勒温，他基于物理学当中的磁场理论，认为人的心理、行为取决于外部环境和内部需要的相互作用与影响，因此要测定人的心理和行为的规律，就必须了解完成这一行为的内在立场和外在的心理情境，以及它们之间的相互作用。当人的需求未能达到满足状态时，就会产生内部立场的张力，环境起着推动作用。因此，他提出心理立场的理论公式，根据立场理论研究个体的行为和心理特征。勒温在1993年迁居美国后，又致力于研究群体的行为，提出了"群体动力"的概念，认为群体动力是指群体活动的基本方向，而研究

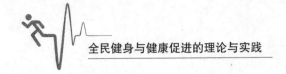

群体动力就需要研究影响群体活动发展方向的各类因素。

　　群体动力理论的基本宗旨是寻找和揭示群体行为和群体当中的个体行为的内在动力和外在环境的影响，从心理及社会环境等方面寻找群体及个体行为的内在推动力量。① 他认为，要改变个体的行为方式和特征，最好是从改变他们生活的群体入手，因为任何一个人都有一种群体归属感，都不愿意被他们所属的群体讨厌和抛弃。群体是一个动态发展的过程，是从一个状态发展成另一个状态的走向，与群体的素质和他们内在的利益关系的转换紧密相连。群体中各成员之间相互影响和作用，群体动力反映在群体内部，就有着千丝万缕的联系，他们之间存在着合作、竞争、共生等群体关系。然而群体动力系统包含共同的要素，这些要素包括凝聚力、驱动力和耗散力。

　　在这三大因素中，凝聚力是保证群体稳定的基础要素，驱动力是指群体不断往前发展和进化的基本动力，而耗散力则是破坏此类群体的稳定性和演化、降低群体内部稳固的破坏性要素。② 这三种基础动力共同构成了群体的内在要素。它们之间相互转化，相互作用，此消彼长，最后不断推动群体的进化和发展。当然，如果群体的内在关系往破坏性方向发展，这个群体最终可能导致解散或消亡。内在的驱动力是促进锻炼者进行健身的积极因素，而耗散力主要是阻挡锻炼者持续进行健身的不利因素。因此，我国在促进全民健身的过程中，需要不断地促进驱动力和凝聚力的发展，减少耗散力的形成。

---

① 　楚天广，杨正东，邓魁英，等．群体动力学与协调控制研究中的若干问题 [J]．控制理论与应用，2010, 27(1): 86-93.

② 　王小根，杨爽．群体动力学视角下的协作知识建构活动探究 [J]．现代教育技术，2020, 30(11): 55-61.

（一）凝聚力

在 20 世纪 30 年代开创的群体动力学中，有对凝聚力的相关论述。该理论认为，凝聚力主要是作用于集体成员之间的向心力量和心理力量，是指群体成员转向群体内部的内在动力以及正确的吸引力。[①]有人在群体研究当中明确提出了"凝聚力"这一概念，认为群体中的凝聚力由三个基础要件构成：第一，群体成员之间的相互吸引力；第二，群体目标和完成任务的吸引力以及共同的利益；第三，群体的领头羊得到的威信和权威。"凝聚力"这一词最早起源于拉丁语，表示结合的意义。20 世纪 50 年代，比较有代表性的群体凝聚力的概念是这样定义的，群体凝聚力是成员留在群体内的作用力的综合要素的总和。在 60 年代左右，群体凝聚力的研究大多集中在个体之间，或者是个人与群体之间的相互吸引程度上。在 70 年代，随着群体凝聚力研究的不断深入，有些学者将凝聚力和动机联系在一起，认为确定群体成员为什么被群体和其他人吸引是最重要的研究切入点，而切入点需要研究个人与他人之间如何有效分工和合作，最终推动群体的战斗力和协作能力不断提升。

从 20 世纪 80 年代开始，群体凝聚力研究又有了新进展，有人克服了以前研究的不足，发展了在指定形式中，凝聚力提升模式，由此使有关群体凝聚力的相关要素研究更趋向于规范性。他们将凝聚力的定义归结为在追求群体目标的推进中，反映群体团结在一起，保持整体战斗力，并不断提升其协作力的过程。有人还提出了关于运动群体凝聚力的模型系统。他们认为，所有的这些因素都可以归结于凝聚力。他们还将凝聚力概括为动态发展和辩证的过程，而并

① 解学梅，吴永慧. 企业协同创新文化与创新绩效：基于团队凝聚力的调节效应模型 [J]. 科研管理，2013, 34(12): 66-74.

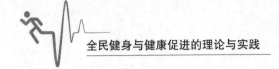

不认为凝聚力是一种相对静止和固化的状态与模式。有人将凝聚力区分为两大模块的内容：一是任务凝聚力，表现为与团队的目标和成绩指标相关的承诺性条件[①]；二是交往凝聚力，更多涉及人与人之间的关系，如友谊关系和情感交流上的全方位支持，团队精神、士气协同一致。有学者在论述军队指挥、政治家领导和企业家提升领导力和管理能力的问题时，都倾向于此类观点。

群体凝聚力是吸引成员团结在一起，并不断保持战斗力的基础要素，它需要保持某种关系模式，并具备稳定的情感要素。对于群体系统，作用最强的凝聚力要素往往取决于全体成员精神的充实程度。精神充实程度越高，群体的凝聚力、团结力及战斗力就越强。这表现在两个方面。一是目标凝聚力。群体目标和任务是产生凝聚力的重要元素，个体受群体目标的指引，并将其内化为自身的目标追求，这样就产生强烈的归属和依赖心理，尤其是当群体目标和任务具有一定的挑战性，并最有可能充分表现自身的价值时，这种吸引作用就更大。目标有长期目标和短期目标、抽象目标和具体目标之分，群体必须在树标与达标的追求中保持对其成员产生长期的吸引力。二是群体的归属和情感需要。物以类聚，人以群分。归属群体可产生强烈的安全感和依附感，依靠群体可以相互帮助、分担压力、相互鼓励，相互弥补各自的不足，增强自信心。在这种氛围中，归属感在群体之间表现得非常突出。年轻群体往往风华正茂、善于表达、乐于表现。在此类群体中，群体成员之间会相互鞭策、相互鼓励、相互监督，形成强大的内在动力，并产生愉悦的心理，最终表现为群体的战斗力和凝聚力越来越强。

① 段萌萌. 社会网络、社会规范对城市居民社区参与的实证分析[J]. 应用数学进展，2022, 11(4): 2107-2112.

良好的环境影响对于群体是有效的促进因素。成员感受到环境的影响来自两个方面。一是感觉到群体内部的影响，主要是指约束群体成员思想和行为的责任规范与义务要素。群体之内规范的约束有利于群体的稳定性，有利于成员之间的协作和团结。二是间接地感受到群体外部的影响，是指群体受到外部的挑战和影响，这种信息会传递到每个成员身上，形成团结一致、奋勇向前、持续努力的团队氛围。总而言之，凝聚力的形成是要打造一个稳定的团队，团队成员之间需要相互信任、相互扶持、相互帮助，最后形成具有战斗力的团队。团队还必须有明确的奋斗目标，团队成员围绕着这一目标不断努力奋斗，这样的团队才可能健康、可持续发展。团队的领导者非常重要，领导者必须具有综合能力和格局。领导者的格局体现为要有担当和作为，为了团队的利益可以牺牲自我的利益，为了团队的健康发展不断奉献自己的力量。领导者需要对团队的各个成员有深刻的了解，要善于利用团队中的优秀分子，充分发挥他们的长处，使整个团队具有凝聚力和战斗力。凝聚力的形成还要采用利益相关者理论。团队成员之所以会拥护整个团队，是因为他们在团队活动中获得了个人利益，只有这样的团队才是稳定、可持续发展的团队。所谓格局决定结局，思路决定出路。在团队的发展过程中，领导者需要善于牺牲自我利益成全团队目标，能够处理好个人利益与集体利益的关系，在团队活动中具有创新思维，不断推进团队的整体目标达成。

（二）驱动力

　　驱动力是群体产生群体效应，促进群体不断进化的内在动力。成员的能力、追求、人际、意志力和兴趣是群体驱动力中的原动力，在群体中这些动力元素相互激发、共同作用，可产生高于个体的效应。

它表现在很多方面。首先是航标驱动力。对于整个群体而言，航标起到了提升凝聚力的作用；对于个体而言，航标主要起到了内在驱动力的作用。个体在群体整体目标的引领下，通常会冲破各种障碍，向着既定的目标不断努力，形成你追我赶的良好团队氛围。个体的进步和成熟促进了群体的共同提升与进步。因此，新目标的确立是个体与群体之间相互激励、相互监督的结果。需要注意的是，确定良好、合适的目标往往要符合团队的整体实力，制定的目标要恰到好处，如果定的目标太高，大多数人无法达到，个体就会产生沮丧、自信心下降和放弃目标的思想。相反，如果定的目标太低，绝大多数个体很容易就能达成，那么相应的目标就失去了驱动效应。①

那些工作踏实、学习内在动力非常强烈、意志力坚定、本身素质非常高、有强烈进取心的成员，就是我们通常所说的先进典型，他们往往是群体里面的核心、榜样，是群体成员不断学习的目标。由于这类人员能够时刻自律，会对其他成员的实际工作和生活产生极大影响，其他成员也容易产生思想上和情感上的共鸣，从而产生巨大的群体感召力，能对群体的其他成员产生驱动力，这个群体中就容易形成良好的氛围。个体都希望在群体中找到适合自身的位置和角色，经过自身的不断努力获得团队的认可。如果个体在群体当中的位置比较合理，就会保持群体的整体战斗力，也能保持个体自身的积极性，驱动个体向更高层次的目标不断前进。当然，这需要有合理的评价体系评价个体的行为和能力，因此要有相应的条例、制度以及管理办法，而这些条例、制度以及管理办法往往具有挑战性、竞争性以及相对的强制性。将竞争机制引入群体以后，可以激

---

① 何涛，李建霞．"人体运动能力驱动力"观点在短跑与太极拳训练中的作用特点分析 [C]// 中国大学生体育协会田径分会．2012 国际体育科学与学校体育学术会议论文集．西安：[出版者不详]，2012: 127．

发个体全面、联系、动态、辩证地看问题。

当一个群体寻求对方的弱点进行攻击，以显示自身的优势时，它往往处于不断奋进的状态。而要保持个体的相对优势，就需要个体不断克服自身的不足，迎难而上，锐意进取，促使自身在群体中不断完善，不断提升自身价值，最终使整个团队具有战斗力和协作能力。

（三）耗散力

群体各成员之间相互鼓励和相互监督，能够产生驱动力和凝聚力。当然，如果运作不畅，就会形成一个耗散场，即通常所说的耗散力。耗散力破坏群体的稳定性，影响群体的协作性，应该尽量减少耗散力的存在。但是，在群体构成的初期，由于相互之间的不理解和不了解，群体耗散力往往相对较大。而进行综合分析可知，群体耗散力往往来自以下几个方面。首先是冲突效应。冲突是一种持久而广泛的耗散力要素，它的表现形式有很多种，有个体在群体的目标追求上的相对冲突，有个体行为与群体规范之间的不协调，有各种人际关系之间的不和谐，有道德标准之间的差异，有价值观念和物质利益之间的强烈不满。在形成的群体中，由于成员以前生活环境不一样，家庭背景不一样，所受的教育方式也千差万别，个人的道德标准、行为和生活方式，个体的精神和价值追求以及三观，都与他人千差万别。因此，个人自身的多种愿望和要求也通常处于矛盾中，这就不可避免地要产生各种冲突。其次是没有核心的不良效应。其往往表现为在群体之间相互不服，没有一个能够力压群雄的领头羊。这样的群体就像没有指挥的乐队，不可能奏出最优美的乐章。没有核心的群体，也不可能产生最强的驱动力和凝聚力。个体都是想方设法进行自我标榜；而群体则会表现出个体之间的相互干扰，破坏群体之间的团结、和谐。

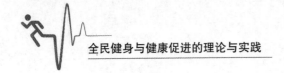

如果群体间的各个成员之间没有相互配合和良好的格局以及吃亏的精神，在不良社会环境的影响下，群体的凝聚力就会越来越差。群体的外部环境也会对群体的凝聚力造成毁灭性的破坏，最终导致群体的耗散力不断增加。因此，要使整个群体发挥长期的凝聚作用，就要不断提高群体之间的合作程度及和谐度。耗散力主要体现在群体之间有矛盾，成员之间不是一条心，相互猜忌、互相埋怨、相互拆台。在体育锻炼中，很多锻炼者由于受外界诱惑的影响，锻炼行为往往不能持续，经常出现三天打鱼，两天晒网的情况，最终导致自己的锻炼行为前功尽弃，不能达到真正的锻炼效果。

四、自我决定理论

自我决定理论是一种关于经验化选择的潜能要素，是个体在充分认识其本身需要和环境综合信息的基础上，对自己的行为方式和生活方式做出自由选择的过程。[①]自我决定理论最早由美国心理学家提出，强调自我在动机中的主观能动性。自我决定理论将人类行为分为非自我决定行为和自我决定行为，认为自我的情绪、内在的本质需要和驱动力是自我决定行为动机的最终来源。

（一）人类行为的分类：自我决定行为和非自我决定行为

有学者指出，个体有一种天性，他们想凭借自己的意志力进行持续性活动，这是因为他们想进行这类活动，而不是他们不得不去做这类活动。他们认为，社会的形成影响他们的决定，最后导致他们的取向有所差异，即非个人取向和个人取向。从个人取向的维度解释可以分为两类：一是个体把自己的直觉解释成自己的行为原因，

---

① 严标宾，郑雪，邱林.自我决定理论对积极心理学研究的贡献[J].自然辩证法通讯，2003, 25(3): 94-99.

这可称为"因果的内在联系点",又叫作"自我决定取向";二是情境模式使个体相信他们的具体行为是为了取悦他人或获得表扬,或是因为外部某种因素的影响,他们通常把它叫作"外部的动力",又叫作"被控制的取向"。当人们把因果关系归为内部归因而不是外部归因时,人们更可能被内在的动力激发进行某一项艰苦而长期的活动。而个人的因果取向形式决定结果行为是自我决定或者是非自我决定,往往取决于多方面的要素。自我决定行为基于人们对内在需要的认识,并且通过设计选择相应的行为,这种行为需要满足人的基本需要,而并非自我的决定行为,不包含真正的内心选择。

个体受外在刺激后,内在要素之间相互作用。由于非自我决定行为是控制决定,或是毫无内在动机,它们不是自我决定论研究的重要议题。[①] 自我决定理论把所有群体中的个人行为区分为两大类别:一是自我决定行为;二是非自我决定行为。根据这类理论,当一个人选择进行某项活动时,他往往不是为了达成某外部目的,而是这项活动更能激发自身的内在动力,而使自己更加快乐,并具有幸福感。比如,一个人对阅读有兴趣,他往往会选择自己喜欢的书和文章进行阅读,而不是被动接受某项任务。他往往能够坚持很长的时间,并不会感觉枯燥,而是感觉愉悦。如果一个喜欢运动的人在太阳底下坚持很长时间的运动,虽然累得汗流浃背,甚至身体虚脱,但是他并不会感受到疲劳,而会感觉到运动之后分泌的多巴胺,感觉到快感和愉悦。

(二)自我决定行为和非自我决定行为的信息加工模式

有人利用信息加工的模型阐释动机行为序列的各个要素是如何

---

① 闫金,梁超梅,金琼,等. 自我决定理论对促进儿童青少年体力活动影响的 Meta 分析 [J]. 中国学校卫生,2020, 41(4): 566-572.

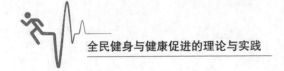

起作用的。在此理论模型中，他们试图将认知理论的主要成果整合成完整的动机理论，使动机理论描述行为序列的各部分以流程图的模式展现自我决定的心理，其标志在于非常灵活地控制自身与环境之间的关联。在进行自我决定时，人们可以自由地选择自己的行动，而不是强制或被迫选择，而且这种选择是基于自身对需要的认知。在进行自我决定时，往往涉及人们对环境或结果的有效控制，但它也涉及放弃这种控制，多为选择性。

与此同时，自我决定通常会受到环境的阻止或支持，因此对自我决定的研究往往依赖于对环境的深度认知。自我决定行为研究往往是从环境的信息输入和个人的需求两个部分开始的。从意义上来说，信息的输入是信息发出控制和有效协调。通过多维的动机行为，外界的信息不断允许自我加工，改正途径被不断优化。与此同时，还有可能伴随反馈和修正，这需要外部结构提供有效的反馈信息。来自神经系统与内驱力有关的神经系统的组织和协调，从环境的信息输入端和个人的需求以及个人的因果取向，可以进行综合分析和讨论，这导致动机形成的追因可能充满不确定性。不同的因果取向将导致人们在需求满足中的积极性不同。有区别地解释与满足需要相联系的信息端的输入，与此同时，信息输入需要进行相互作用。

一个人因果取向的形式决定思维结果，动机的形成成为目标的选择和目标行为的基础。在目标达成，也就是行为完成并以某种方式受外界的正向影响时，如果个体获得预期的心理满足，就会宣告整个序列过程的结束。然而，如果个人的预期信息不是很清晰，最终导致需求没有得到满足，个人就会重新选择合适的目标，最后达到满足需求的目的。在计划的动机已被满足或新的动机开始展现时，原来的自我决定行为的序列就宣告结束。非自我决定的种种行为，既可以是强制性的控制决定的，也可以是外在的自发行为。它们和上述自我决定动机行为的运行方式存在着千丝万缕的联系。它们都涉及非整合的外在动机，这种动机与控制的结构往往是个人不能把握的外在力量。它们之间相互作用，产生非真正的选择性行为，这些行为可能是有意识的控制。决定的行为可能产生与个人意图相抵触的力量。就这两种情况而言，行为是通过直接或替代性的非整合性动机满足宣告结束的。

（三）自我决定行为的动机来源

有学者着重论述了自我决定行为形成动机的全过程，突出了个体在动机形成过程中的重要作用。动机的激发为行为提供能量，动机是最初的综合驱动力，驱动力可作为自我执行决定行为的发动机，它们可能是自发行为的最初发动能量。驱动力的重要特点是它的循环运作形式。第二个重要的信息来源是自我决定相关的内在需求，此类不断发展的基础动机，目的在于给行为提供能量和指引，指引参与者去挑战，并从困难中获得稳定的次序，以调节他们的内驱力，或促使他们进行有趣的活动。

外在的情绪和驱动力、内在的需求提供可导致动机形成和随后有目的行为的信息，冲动可引起动机改变人面临的尴尬或难堪环境。情绪作为行为的前提条件和结果的成分，在动机的形成中起作用。在自我决定理论中，情绪反应是信息发出和获得的内在能量，这种信息先于行为，并给行为提供能量，且它以体验到动机得到满足的形式作为成功行为的结果，或以挫折和困境的形式作为不成功行为的结果。自我决定行为由内在积极活动动机提供内驱力、能量，而这种动机有情绪及对未来满足状态的需求；非自我决定行为由一种非整合的情绪直接提供能量并以自动的、富有表情的反应出现。例

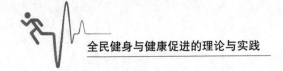

如，某人首次驾车在高速上行驶时会感到焦虑，但在行驶过程中产生的征服感会促使自我决定行为的固化和提升。反之，在高速行驶的不安可能引发责怪那些突然行驶到旁边的人的非自我决定行为。内在需要、内驱力和多维情绪，三种因素之间会相互干扰和影响，也可能三者之间产生交互作用和多维影响。在多个动机同时存在并相互影响时，大部分人会根据他们对动机的满足调整各种需求的期望值，从而决定自我行为。这种行为可通过自我修正并不断调整目标来确定。假设所有的步骤都如期进行，并且这些目标都达到了预期，那所有行为都将会结束，否则人们将选择不同目标，并对目标进行修正。这种目标可能增加经验因素，使预期产生满足的可能性提升。

第三章　全民健身行为理论基础

第一节　整体健康意识的觉醒

一、整体健康意识觉醒的界定

健身作为一种全民活动，已经在现代社会成为一种普遍的追求。然而，要深入理解全民健身行为的理论基础，我们首先要认识到整体健康意识的觉醒。随着社会发展和生活水平的提高，人们开始意识到身体健康是幸福生活的基础。这种觉醒使健身变得重要起来，无论年龄、性别、职业背景或身体条件如何，人们都开始积极关注自身的健康状况，并采取相应的行动。

人的整体健康意识觉醒，是指个体对自身健康的认知和关注程度逐渐提高，形成一种积极的健康态度和行为习惯的过程。这种意识觉醒的界定可从以下几个方面进行。

（1）健康知识的掌握。个体通过学习和了解健康知识，掌握了一定的健康保健知识和理念，能够正确地认识自身健康状况，了解如何预防和治疗疾病。

（2）健康行为的改变。个体开始改变不良的生活习惯，如戒烟限酒、合理饮食、适量运动等，以保持身体健康。

（3）健康态度的转变。个体开始重视自身健康，形成积极的健康态度，如乐观向上、积极进取、心态平和等，以应对生活中的各种挑战。

（4）健康责任的担当。个体开始认识到自身健康与社会健康的

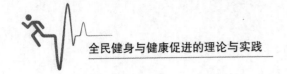
紧密联系，积极参与公共卫生事业，担当起自己的健康责任。

总之，人的整体健康意识觉醒是一个逐渐提高自我保健意识和行为习惯的过程，需要个体不断学习、改变和担当，以实现自我健康保护和社会健康发展的目标。

二、整体健康意识觉醒的影响因素

健康意识觉醒的影响因素有很多，主要包括以下几个方面。

（1）教育程度。受过高等教育的人通常更容易意识到自身健康的重要性，更有可能掌握健康知识和采取积极的健康行为。

（2）社会环境。社会环境对健康意识的形成和发展有着重要影响。例如，社会对健康的重视程度、医疗保健体系的完善程度、公共卫生政策的实施等都会影响个体的健康意识。

（3）个人经历。个人经历是影响健康意识的重要因素。例如，曾经患过某种疾病、亲友患病或去世等经历，都可能促使个体更加关注自身健康。

（4）健康知识和信息。掌握健康知识和信息对于形成和发展健康意识至关重要。例如，通过媒体、互联网等途径获取健康知识和信息，可以帮助个体更好地认识自身健康状况，了解如何预防和治疗疾病。

（5）个人性格和心理状态。个人性格和心理状态会影响健康意识的形成和发展。例如，乐观向上、积极进取、心态平和等积极的心理状态，有助于个体形成积极的健康态度和行为习惯。

总之，健康意识觉醒的影响因素是多方面的，需要个体在不同方面进行努力和改变，以实现自我健康保护和社会健康发展的目标。

三、整体健康意识觉醒的提升路径

整体健康意识觉醒的提升路径可从以下几个方面入手。

（1）提高健康知识水平。了解健康知识是提高整体健康意识的基础。可以通过阅读健康类书籍、关注健康类公众号、参加健康讲座等方式，获取健康知识和信息。此外，也可以向医生、营养师等专业人士咨询，获取更加专业的健康知识和建议。

（2）建立健康行为习惯。建立良好的生活习惯，如规律作息、合理饮食、适量运动等，有助于形成积极的健康态度和行为习惯。

（3）关注身体状况。定期进行身体检查，及时发现和治疗疾病，有助于提高个体对自身健康的认知和关注程度。

（4）积极参与公共卫生事业。积极参与公共卫生事业，如支持疫苗接种、参与环境保护等，有助于提高个体对社会健康的认知和责任感。

（5）培养积极心态。培养乐观向上、积极进取、心态平和等积极的心态，有助于形成积极的健康态度和行为习惯。

总之，整体健康意识觉醒需要个体在不同方面进行努力和改变，并长期坚持和不断实践。

除了阅读书籍和关注公众号，还可以通过以下途径获取健康知识。

（1）参加健康讲座和健康教育课程。可以通过参加健康讲座和健康教育课程，了解最新的健康知识和信息。

（2）咨询医生和营养师。可以向医生、营养师等专业人士咨询，获取更加专业的健康知识和建议。

（3）参与健康调查和研究。可以参与健康调查和研究，了解最新的健康研究成果和发现。

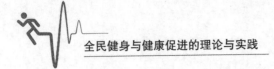

（4）加入健康社区和论坛。可以加入健康社区和论坛，与其他关注健康的人交流和分享健康知识与经验。

（5）观看健康类节目和视频。可以通过观看健康类节目和视频，了解最新的健康知识和信息。

总之，获取健康知识的途径很多，可以根据兴趣和需求选择适合自己的方式。

此外，判断自己的身体健康状况是否良好，可以从以下几个方面入手。

（1）观察身体状况。注意观察自己的身体状况，如是否有不适感、疼痛、疲劳等，以及皮肤、眼睛、耳朵等部位是否有异常。

（2）测量生理指标。可以通过测量生理指标，如体重、血压、血糖、胆固醇等，了解自己的身体状况。

（3）进行体检。定期进行体检，可以及时发现潜在的健康问题，及时采取措施进行治疗和预防。

（4）关注饮食和运动。保持健康的饮食和运动习惯，有助于维持身体健康。

（5）注意心理健康。保持良好的心理状态，有助于维持身体健康。

总之，判断自己的身体健康状况是否良好有多种选择方式，有任何不适或疑虑，应及时咨询医生。

第二节 自我激励与目标设定

一、自我激励的概念及原理

自我激励，是指个体通过自我激励机制，调动自身的积极性和动力，从而实现自我目标的过程。自我激励的原理主要包括以下几个方面。

（1）自我效能感。自我效能感，是指个体对自己能够完成某项任务的信心和信念。当个体对自己的能力和技能有信心时，就会更加积极地投入到任务中去，从而提高自我激励水平。

（2）自我反馈。自我反馈，是指个体对自己行为的评价和反思。当个体能及时对自己的行为进行评价和反思时，就能更好地调整自己的行为，从而提高自我激励水平。

（3）自我奖励。自我奖励，是指个体对自己完成任务后进行的奖励。当个体能够及时给自己进行奖励时，就会更加积极地投入到任务中去，从而提高自我激励水平。

（4）自我监控。自我监控，是指个体对自己行为的监控和管理。当个体能及时对自己的行为进行监控和管理时，就能更好地调整自己的行为，从而提高自我激励水平。

总之，自我激励是一种通过自我调节和管理的方式，调动个体的积极性和动力，从而实现自我目标的过程。

自我激励的内外因素如下。

（一）内部因素

（1）自我效能：个体对自己能够完成某项任务的信心和信念。

（2）反馈因素：个体对自己行为的评价和反思。

（3）自我奖赏：个体对自己完成任务后进行的奖励。

（4）自我掌控：个体对自己行为的监控和管理。

（5）个体的动机和目标：个体内部的动机和目标对自我激励起到重要作用。

（二）外部因素

（1）社会支持：来自家庭、朋友、同事等社会环境的支持和鼓励，可以提升个体的自我激励水平。

（2）外部奖励：来自组织、公司等外部环境的奖励，如薪资、晋升等，可以提升个体的自我激励水平。

（3）外部监督：来自组织、公司等外部环境的监督和管理，可以促使个体更加积极地投入到任务中去，从而提高自我激励水平。

（4）外部压力：来自组织、公司等外部环境的压力，如竞争、考核等，可以促使个体更加积极地投入到任务中去，从而提高自我激励水平。

总之，自我激励的内部因素和外部因素都对个体的自我激励起重要作用，个体需要综合考虑和管理这些因素，以提高自我激励水平。

除此之外，我们还应该掌握一些自我激励的方法，以下是一些提升自我激励水平的方法。

（1）设定具体的目标。设定具体、可衡量的目标，可以帮助个体更好地了解自己的任务和要求，从而更好地激励自己。

（2）建立自我效能感。通过不断地学习和实践，个体可以逐渐建立自我效能感，从而更加自信地面对任务和挑战。

（3）给自己设定奖励。设定一些具体的奖励，可以帮助个体更好地激励自己，这些奖励可以是小的物质奖励，也可以是精神上的奖励，比如，赞美和鼓励。

（4）建立良好的自我反馈机制。及时地对自己的行为进行评价和反思，可以帮助个体更好地调整自己的行为，从而提高自我激励水平。

（5）培养积极的心态。积极的心态可以帮助个体更好地面对挑战和困难，从而提高自我激励水平。

（6）寻求外部支持和帮助。寻求外部支持和帮助，可以帮助个体更好地应对挑战和困难，从而提高自我激励水平。

总之，提升自我激励水平需要个体在实践中不断地探索和总结，以找到适合自己的方法和策略。

在全民健身行为中，自我激励与目标设定起着重要的作用。改变生活方式并进行健身锻炼是一项长期且持续的过程，需要个体具备一定的自我激励能力。通过设定明确的目标，个体可以更好地激发内在动力，坚持锻炼并享受健身过程中的种种益处。这些目标可以是身体健康改善、体型塑造、心理压力释放等方面，它们能够成为个体长期保持健身行为的动力源泉。

二、自我激励与目标设定的关系

在全民健身中，自我激励和目标设定同样是非常重要的。通过设定具体、可衡量的健身目标，可以帮助个体更好地了解自己的任务和要求，从而更好地激励自己。同时，通过不断地锻炼和实践，个体可以逐渐建立自我效能感，从而更加自信地面对健身挑战。通

过设定一些具体的目标，比如，完成一定的运动量或者达到一定的健身目标，可以帮助个体更好地激励自己。通过及时地对自己的健身行为进行评价和反思，可以帮助个体更好地调整自己的健身计划，从而提高自我激励水平。总之，目标设定和自我激励是全民健身中非常重要的因素，可以帮助个体更好地享受运动带来的快乐和健康。

设定具体、可衡量的健身目标需要考虑以下几个方面。

（1）明确自己的健身目的。比如，减脂、增肌、提高某项运动能力等。

（2）设定具体的健身目标。比如，减掉多少千克体重、增加多少肌肉量、5公里跑多快等。

（3）制订可行的健身计划。根据自己的实际情况，制订可行的健身计划，包括每周的锻炼次数、锻炼时间、锻炼强度等。

（4）记录健身进展。定期记录自己的健身进展，比如，体重、肌肉量、运动成绩等，以便及时调整自己的健身计划。

（5）奖励自己。设定一些具体的奖励，比如，买一件心仪的衣服，以激励自己坚持健身计划。

总之，设定具体、可衡量的健身目标需要考虑自己的实际情况和目的，并制订可行的计划和奖励机制，以便更好地激励自己坚持健身。

在设定健身目标时，需要根据自己的身体状况和健康状况进行合理的考虑和设订。以下是一些建议。

（1）了解自己的身体状况，比如，身高、体重、身体质量指数、腰围等，以便更好地了解自己的身体状况和健康状况。

（2）考虑自己的健康状况，比如，是否有慢性疾病、是否有运动史、是否有运动损伤等，以便更好地了解自己的健康状况和制订合理的健身计划。

（3）根据自己的身体状况和健康状况设定目标。比如，根据自己的 BMI 指数设定减重目标、根据自己的运动史设定提高某项运动能力的目标等。

（4）制订可行的健身计划。根据自己的实际情况，制订可行的健身计划，包括每周的锻炼次数、锻炼时间、锻炼强度等。

（5）定期检查身体状况。定期进行身体检查，以便及时发现身体问题并调整自己的健身计划。

总之，根据自己的身体状况和健康状况设定健身目标需要考虑自己的实际情况和目的，并制订可行的计划和定期检查身体状况，以便更好地保护自己的健康。

三、通过目标设定提升自我激励水平

通过目标设定可以提升自我激励水平，具体方法如下。

（1）明确自己的目标。在设定目标之前，我们需要认真思考自己的价值观、兴趣爱好、职业规划等方面的问题。只有明确自己的目标，我们才能更加坚定地追求它们，并且更加清晰地制订目标实现计划。

（2）将目标分解为具体的行动计划。设定目标后，我们需要将它们分解为具体的行动计划。这些计划是我们实现目标的具体步骤，每完成一步，我们就会更加接近目标。而且，分解目标可以让我们更清晰地了解自己需要做什么，有助于我们更好地规划时间和资源。

（3）设定可行的时间表。设定可行的时间表对于实现目标非常重要。我们需要根据实际情况，合理分配时间，保证每个任务都有足够的时间完成。如果时间过于紧张，我们就会感到压力，产生挫

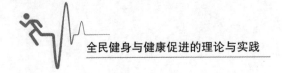

败感，而这可能会影响我们的动力和信心。

（4）监督和反馈。在实现目标的过程中，我们需要不断监督自己的进展，并及时给自己反馈。如果发现自己偏离了目标，就要及时调整计划，重新制订行动方案。

（5）正向反馈。当我们完成一个阶段的目标时，可以给自己一些小奖励，比如，看一场电影、吃一顿美食等。这样可以让我们更有动力去完成下一个目标。

总之，通过目标设定可以提升自我激励水平，让我们更加有动力去追求自己的目标，并且更加清晰地制订实现目标的计划。

制定可行的时间表实现目标，可以按照以下步骤进行。

（1）明确目标。首先需要明确自己的目标，包括长期目标和短期目标。长期目标可以分解为多个短期目标，每个短期目标都需要有具体的时间节点。

（2）列出任务清单。将需要完成的任务列出来，包括每个任务需要花费的时间和完成的时间。

（3）评估时间。评估每个任务需要花费的时间，包括正常情况下完成任务所需的时间和可能出现的延误时间。

（4）制定时间表。根据任务清单和时间评估，制定可行的时间表。在制定时间表时，需要考虑到自己的工作、学习、生活等方面的时间安排，合理分配时间。

（5）调整时间表。在实际执行过程中，可能会出现一些意外情况，导致时间表需要进行调整。在调整时间表时，需要重新评估任务完成所需的时间，并根据实际情况进行调整。

（6）反馈与提升。在执行过程中，需要不断监督自己的进展，并及时给自己反馈。如果发现自己偏离了时间表，则需要及时调整计划，重新制定行动方案。

总之，制定可行的时间表需要考虑自己的实际情况，合理分配时间，并不断监督和反馈自己的进展。只有这样，才能更好地实现自己的目标。

第三节　适应性运动与个性化需求

一、全民健身中的适应性运动

全民健身中的适应性运动是指适合不同年龄、不同身体条件的人群进行的运动。适应性运动可以帮助人们改善身体素质，增强身体免疫力，预防和治疗一些慢性病，提高生活质量。

适应性运动包括以下几个方面。

（1）有氧运动。如快走、慢跑、游泳、骑车等，可以提高心肺功能，增强心脏和肺部的耐受力。

（2）力量训练。如举重、俯卧撑、仰卧起坐等，可以增强肌肉力量和耐力，改善身体形态。

（3）柔韧性训练。如瑜伽、普拉提等，可以增加关节的灵活性和柔韧性，预防关节疼痛和运动损伤。

（4）平衡训练。如单脚站立、倒立等，可以提高身体平衡能力，预防跌倒和骨折。

适应性运动可以帮助人们改善身体素质，增强身体免疫力，预防和治疗一些慢性病，提高生活质量。具体来说，有氧运动可以提高心肺功能，增强心脏和肺部的耐受力；力量训练可以增强肌肉力量和耐力，改善身体形态；柔韧性训练可以增加关节的灵活性和柔

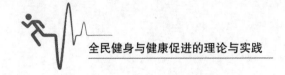

韧性，预防关节疼痛和运动损伤；平衡训练可以提高身体平衡能力，预防跌倒和骨折。适应性运动需要根据个人身体条件和健康状况进行选择和调整。对于老年人、残疾人、慢性病患者等特殊人群，需要在医生或专业人士的指导下进行适当的运动。在全民健身计划中，适应性运动是非常重要的一部分，可以让更多人参与到健身运动中来，享受健身带来的健康和快乐。

选择适应性运动需要根据个人身体条件和健康状况进行调整。一般来说，如果你是初学者或长期没有进行运动，建议从低强度、低风险的运动开始，之后逐渐增加运动强度和时间。如果你有慢性病、残疾或其他健康问题，则需要在医生或专业人士的指导下进行适当的运动。此外，还要注意运动的频率、时间和强度，以及适当的休息和营养补充。最好制订一个个性化的运动计划，并定期进行评估和调整。

二、全民健身运动中的个性化需求

全民健身，是指让全体人民都能参与到体育锻炼中来，提高身体素质和健康水平。在全民健身中，个性化需求是非常重要的。因为每个人的身体状况、健康状况、年龄、性别、职业等都不同，需要根据个人的情况量身定制运动计划和指导。具体来说，个性化需求包括以下几个方面。

（1）运动类型。不同的人群需要选择不同的运动类型，如老年人可以选择散步、太极拳等低强度运动，年轻人可以选择慢跑、游泳等高强度运动。

（2）运动强度。不同的人群需要选择不同的运动强度，如初学者可以从低强度、低风险的运动开始，之后逐渐增加运动强度和时间。

（3）运动频率和时间。不同的人群需要根据自己的情况选择适当的运动频率和时间，如每周进行2～3次运动，每次30～60分钟。

（4）运动场所。不同的人群需要选择不同的运动场所，如老年人可以选择公园、广场等户外场所，年轻人可以选择健身房、游泳馆等室内场所。

（5）运动方式。不同的人群需要选择不同的运动方式，如残疾人可以选择轮椅篮球、盲人可以选择跑步机等适合自己的运动方式。

因此，在全民健身中，需要根据不同人群的个性化需求，提供量身定制的运动计划和指导，让每个人都能够享受到健康和快乐。

为了根据不同人群的个性化需求提供量身定制的运动计划和指导，可以采取以下措施。

（1）调查研究。通过问卷调查、体能测试等方式，了解不同人群的身体状况、健康状况、运动习惯等情况，为制订运动计划提供依据。

（2）制订运动计划。根据不同人群的情况，制订适合他们的运动计划，包括运动类型、强度、频率、时间、场所等方面的内容，并根据实际情况进行调整和优化。

（3）提供指导。为了让不同人群正确地进行运动，需要专业教练或健身指导员提供相应的指导，包括运动技巧、注意事项、安全提示等方面的内容。

（4）定期评估。为了确保运动计划的有效性和安全性，需要定期对不同人群进行评估和调整。可以通过体能测试、健康检查等方式进行评估，并根据评估结果进行调整和优化。

（5）提供反馈。为了让不同人群及时了解自己的运动效果和进展情况，需要提供相应的反馈。可以通过运动记录、健康报告等方式提供反馈，鼓励他们继续坚持运动。

根据不同的运动目的和效果，可以制订不同的运动计划。以下是一些常见的运动目的和效果及制订相应的运动计划的建议。

（1）健身减脂。建议选择有氧运动，如跑步、游泳、骑车等，每周进行 3 ～ 5 次，每次 30 ～ 60 分钟，运动强度以心率达到最大心率的 60% ～ 80% 为宜。

（2）增肌塑形。建议选择力量训练，如举重、俯卧撑、引体向上等，每周进行 3 ～ 4 次，每次 30 ～ 60 分钟，每个部位进行 2 ～ 3 组，每组 8 ～ 12 次，逐渐增加负重。

（3）增强心肺功能。建议选择有氧运动，如快走、慢跑、游泳等，每周进行 3 ～ 5 次，每次 20 ～ 60 分钟，运动强度以心率达到最大心率的 50% ～ 70% 为宜。

（4）改善姿态。建议选择瑜伽、普拉提等训练，每周进行 2 ～ 3 次，每次 30 ～ 60 分钟，注重身体姿势和呼吸。

（5）缓解压力。建议选择瑜伽、太极拳等训练，每周进行 2 ～ 3 次，每次 30 ～ 60 分钟，注重身体放松和呼吸。

需要注意的是，不同的运动目的和效果之间并不是完全独立的，如健身减脂和增肌塑形可以同时进行，但需要根据个人情况进行合理的安排和调整。同时，运动计划的制订也需要考虑个人身体状况、健康状况、运动习惯等因素，以及运动目的和效果等方面的内容。

在制订运动计划时，需要根据个人身体状况和健康状况进行合理的安排与调整，以确保运动的安全和有效性。以下是一些建议。

（1）身体状况。如果有慢性疾病或者曾经有过严重的运动损伤，需要在医生的指导下进行运动计划的制订和实施；如果有关节问题或者其他身体不适，则可以选择低冲击力的运动，如游泳、瑜伽等。

（2）健康状况。如果有心脏病、高血压等健康问题，就需要在医生的指导下进行运动计划的制订和实施，可以选择低强度、低冲击力的运动，如快走、慢跑、骑车等；如果有呼吸系统问题，则可以选择游泳等水中运动。

（3）年龄。随着年龄的增长，人的身体机能会逐渐下降，需要适当调整运动计划。可以选择低强度、低冲击力的运动，如快走、慢跑、瑜伽等。

（4）运动习惯。如果长期没有进行运动，就需要逐渐增加运动强度和时间，避免过度疲劳和受伤。可以选择低强度、低冲击力的运动，如快走、慢跑、瑜伽等，逐渐增加运动强度和时间。

需要注意的是，运动计划的制订需要根据个人情况进行合理的安排和调整，以确保运动的安全和有效性。如果有身体不适或者疑问，应及时咨询医生或者专业的运动教练。

三、适应性运动与个性化需求的结合

适应性运动和个性化运动各有其优点与缺点。适应性运动的优点是容易推广和普及，适用于大多数人，可以提高整个社会的健康水平；缺点是不能满足个人的特殊需求和目标。个性化运动的优点是更加具有针对性和个性化，可以更好地满足个人的需求和目标；缺点是需要更多的时间和精力量身定制运动方案，成本较高。将适应性运动和个性化运动结合起来，可以发挥它们各自的优点，达到更好的运动效果。

适应性运动和个性化运动虽然是两种不同的运动方式，但是它们可以结合起来，以达到更好的运动效果。

适应性运动，是指根据人群的特点和需求，设计出适合大多数人的运动方案。这种运动方案通常是通用的，适用于大多数人，如

普及型健身操、瑜伽等。适应性运动的优点是容易推广和普及，可以让更多人参与到运动中来，提高社会的整个健康水平。

个性化运动则是根据个人的身体状况、健康状况、年龄、运动习惯等因素，量身定制的运动方案。这种运动方案更加具有针对性和个性化，可以更好地满足个人的需求和目标。例如，针对肥胖人群的减肥计划、针对老年人的康复运动等。

将适应性运动和个性化运动结合起来，可以让更多人参与到运动中，并且可以更好地满足个人的需求和目标。例如，在健身房中，可以提供适应性较强的健身操课程，也可以提供个性化的私教服务，根据个人的身体状况和目标，量身定制运动方案。这样不仅可以让更多人参与到运动中来，也可以更好地满足个人的需求和目标，提高运动效果。

个性化运动方案的制定需要考虑个人的运动经验和目标。不同的运动经验和目标会对运动方案的制定产生影响。对于初学者，需要选择适合自己的低强度、低冲击力的运动方式，并逐渐增加运动强度和时间；而对于有一定运动经验的人，则可以选择更高强度、高冲击力的运动方式。此外，个人的运动目标也是制定运动方案的重要因素之一。如果目标是减肥，就需要选择有氧运动和控制饮食等方式；如果目标是增肌，就需要选择增肌锻炼等方式。因此，在制定个性化运动方案时，需要充分考虑个人的运动经验和目标等因素，以达到更好的运动效果。

第四章　全民健身与健康促进——身体素质的实践

第一节 提高力量素质的实现路径

一、力量素质概述

力量素质指人的机体或机体的某部分肌肉工作（收缩和舒张）时克服内外阻力的能力。内部的阻力包含了肌肉的黏滞力、肌肉间的对抗力以及关节的加固力。外部的阻力往往是发展力量素质的基本手段，练习者在克服这类阻力的过程中可不断提高自身对抗水平。力量素质是人进行各类体育锻炼活动和运动项目的基础素质，是获得运动技能和取得较好运动成绩的基础，同时是其他身体素质提升的重要基础。以羽毛球为例，在一场激烈的比赛中，运动员在场上快速转换 500 次左右，再加上扣杀等动作，对下肢力量的要求非常高。无论是前场扑球、放球、推球、搓球，还是后场扣杀，都需要有手背、手腕和背部肌肉力量。可见，羽毛球运动对肩部、上肢、躯干力量的要求也相对较高。锻炼人群要想提升身体素质，就必须以力量素质的提升作为基础和突破口，通过力量素质的发展提升其他身体素质水平，以提高人的整体身体素质。

二、力量素质提升路径

力量素质的提升有很多方法和手段，主要的练习方法包含静力性练习、对抗性练习等，可以根据发展某一肌肉群的需求，确定相应的姿势，用极限力量进行对抗。有时还可以负重进行静力性练

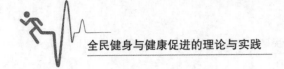

习。还可以进行慢速力量练习，这类动作往往速度较慢，无须借助反弹和惯性，仅依靠肌肉自身的紧张和收缩即可得到较好的效果。还可以采用动力性练习，绝对力量一般采用身体承受能力的85%～100%，次数是1～3次，组数一般安排6～10组，而速度力量一般采用身体承受能力的65%，最大重量的8%～10%，次数往往安排在5～15次，组数安排4～6组。

力量耐力练习往往安排身体承受能力的40%～60%进行练习，次数安排15～30次，组数安排2～4组。力量提高有很多方式，上肢力量的训练主要发展大臂、小臂、手腕以及肩部力量，通常采用的训练方法有：哑铃推举、哑铃扩胸、哑铃前臂屈伸、哑铃臂绕环等，也可以采用徒手练习；采用双人练习的形式，如牵拉练习，做牵拉练习时两个人面对面站立，两腿前后交叉，两人的同侧脚顶住，同时牵拉对方；采用抗阻力练习形式，两人面对面站立，俯卧后做抗阻力练习，每组可进行20～30次，练习时两个人的脚都不能离开地面；采用推小车的形式进行练习，身体保持挺直状态；采用肋木练习，手握肋木进行两臂的屈伸；采用沙袋球或者实心球的练习手段，单手正面推球，单手上抛球，单手肩上前抛球，双手侧抛球；采用杠铃练习，同样可采用站立推举、单手上举、直臂上举、上提杠铃、俯卧过胸等形式进行练习。

下肢力量的训练主要发展腿部、髋部、足部的肌肉群力量，常用的训练手段包含静力性半蹲、蹲起、侧向跳、立定三级跳、挺身跳、蛙跳等练习。其练习方法有：采用双人练习，如小腿力量对抗、拉手单独跳、跳人马等；采用实心球和沙袋球练习，如俯卧双脚夹球后蹲起、双脚夹球后上抛、双脚夹球后后抛、双脚夹球后侧抛等；采用杠铃进行练习，如采用肩负杠铃的提踵、肩负杠铃的蹲起、肩负杠铃的半蹲、肩负杠铃的侧跨跳和弓箭步走的练习；采用弓箭步交叉跳，要求动作幅度相对较大，要尽力向上蹲起，当动作幅度相对较小时，动作频率要快，前后左右要采用并步跳，要求蹲地要快，前后左右变向时要随着髋关节的动作进行起伏；采用半蹲向前跑，要求两腿协调配合，频率要快，也可以采用并步半蹲，要求左右起动快，还可以采用全蹲的前、后、左、右弓步或箭步跳，要求变换方向时的动作非常明显；采用沙坑练习，也就是上述练习都可以在沙坑中进行，提高人在非稳定状态下的身体对抗能力；采用负重练习。上述练习方法和手段都可以在穿沙衣或者腿部绑沙袋的情况下进行，以达到增加身体负荷、进行对抗性练习的目的。

第二节　提高速度素质的实现路径

一、速度素质概述

速度素质包含反应速度、动作速度和位移速度三个维度。

反应速度，是指人体对外界信号刺激，如声、光、触等进行快速应答的综合能力。由于锻炼者对不同类型信号的反应存在较大差异，在训练中往往根据不同项目特征，测定锻炼者对特定信号类型的反应时间，如短跑、游泳等周期性的竞速项目，要求参与者必须有良好的听觉感知能力，而乒乓球运动员主要根据视觉信号做出反应及战术的应答。反应速度主要取决于人的感受器和其他分析器的特点，以及中枢神经系统与肌肉之间的协调能力。反应速度受遗传因素的影响较大，通常通过测量参与者对信号刺激做出反应所需的时间来评定，应该根据不同运动项目的特征测定参与者对特定信号

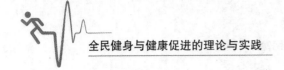

的反应能力。比如，游泳和短跑等项目，参与者主要通过接收听觉信号进行竞技，而乒乓球运动参与者主要是通过接收视觉信号做出反应。对反应时间的评价可以通过实验室的测定进行，也可以用比较简单的方法进行测定。

动作速度，是指人体或者人体某一部分快速完成动作的综合水平。动作速度是技术动作不可或缺的要素，通常表现为人体完成某一具体的技术时的挥臂速度、踢腿速度、摆头速度等。此外，还包含在单位时间里连续完成某个动作的重复次数及完成动作的能力。机体任何部位的动作速度的快慢主要取决于神经系统的机能、引起该部位运动的肌肉力量的强弱以及技术动作的合理性和娴熟程度。由于动作速度隐藏于某个技术动作中，动作速度的评价是与技术动作的参数紧密联系在一起的，如出手速度、角速度、起跳速度、加速度等。此外，可对连续反复多次完成动作的速率进行测定。

位移速度，是指人体在特定方向上的位移速度，以单位时间内机体移动的距离为评定的基本维度。从运动学的理论来讲，位移速度是距离以及通过该段距离耗费的时间之比。在各种体育运动形式当中，通常是以人体通过固定距离所耗费的时间来评定。比如，男子 100 米跑耗费的时间是 10 秒，100 米游泳耗费的时间是 50 秒。位移速度主要取决于动作频率及单位时间内形成该动作的周期数量、每个动作周期在特定运动方向上的具体幅度，以及它们之间的合理组合，这是提升锻炼者位移速度的关键要素。

二、速度素质提升路径

要提升速度素质，就涉及反应速度的提升路径。反应速度的训练即按照动作的技术规格要求进行单个或简易组合的训练手段。简单动作反应速度的提升通常取决于练习者对动作熟练的程度以及动作的规范程度。提高简单动作的反应速度，往往可采用以下方式：听教练或同伴发出信号后，进行快速应答，如踢腿、击掌或快速动作等，或听到信号后进行前进、快速地往后退、快速转身往返跑等练习。

根据教练或同伴做出的进攻性动作，迅速做出相应的反击练习，或者是相应的对抗动作。当教练或同伴在不同位置或者不同空间发出相应的信号时，练习者可以做出快速的应答和判断，利用适当的方法进行回击或反应。随着训练时间的延长和反应速度的提升与巩固，可进入专项训练区间进行专门的训练，通常可以采用两种具体的训练方法：变换训练法和分解训练法。变换训练法，是指变换运动负荷、练习内容、练习形式以及条件，以提高运动员积极性、趣味性、适应性及应变能力的训练方法。分解训练法主要是在比较容易完成动作的动作解构中，通过提高分解动作的完成效率和准确性提高反应速度，其实属于动作速度的训练。所谓的动作速度是比较宏观的定义，因为不存在单纯的动作速度。

人在训练中察觉到的动作速度往往反映运动的物体或人体本身的其他身体素质，如协调能力、肌肉对抗能力和耐力等。要提升动作速度，就需要有目的性地发展相应的运动能力，这是动作速度提升的关键。与此同时，由于速度素质具有不易转移的特征，在动作速度的提升过程中，训练的目标和内容结构必须非常清晰，否则就会产生不好的训练结果。除此之外，动作速度的提升还需要与速度和耐力的提升紧密联系在一起。在实践中，锻炼者不仅要快速地完成动作，而且要把这种能力运用到比赛过程中。动作速度的速度耐力训练是非常重要的，在动作速度的训练中，通常采用各种形式的方法和手段进行训练，并围绕提高动作速度采取一些专业性方法和手段。

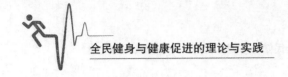

第三节　提高耐力素质的实现路径

一、耐力素质概述

在运动领域，耐力素质在不同的体育运动形式中所起到的作用有着很大的差异。相对于长距离跑等体育运动项目来说，耐力素质是决定运动员竞技水平的主要因素，对锻炼者整体的水平起着决定性作用。相对于足球、羽毛球、水球、摔跤、拳击、跆拳道等持续时间较长的运动项目而言，耐力素质是基础条件，对比赛结果有着相当重要的影响。

对比赛时间较短的体育运动形式来说，尽管在比赛现场无法直接感受到耐力素质对竞技者比赛结果的重要影响，但不可否定的是，短距离跑选手以及举重、体操等选手都需要发展该项目相应的耐力素质，以便坚持和承受较大的训练负荷。按人体的生理系统进行分类，耐力素质可以划分为心血管耐力以及肌肉耐力。肌肉耐力也被称为"力量耐力"。心血管耐力可以分为有氧耐力和无氧耐力。有氧耐力，是指有机体在氧气供应相对充足的前提下，能够坚持长时间工作的能力，有氧耐力训练的目标在于提升锻炼者吸收、输送和利用氧气的综合水平。无氧耐力，主要是指机体以无氧代谢为主要供能形式，能够坚持较长时间的工作或比赛的综合水平。无氧耐力又可以分为糖酵解供能无氧耐力以及磷酸盐系统代谢功能。

在无氧系统供能的肌肉活动中，磷酸肌酸分解供给能量在氧化的过程当中不会产生乳酸。机体在这种状态下能够坚持较长时间的工作是由于磷酸盐代谢系统供能无氧耐力。在无氧代谢的肌肉活动中，糖酵解供给能量产生乳酸。机体长期处在这种环境中能够长时间进行工作和做功的综合水平被称为糖酵解代谢供能无氧耐力。根据肌肉收缩的力学特点，可以将它分为静力性的耐力以及动力性的耐力。根据耐力性对项目的影响，又可以将耐力分为一般耐力和专项耐力。一般耐力主要是指对提高某个特定项目的运动成绩起间接作用的基础性耐力。专项耐力主要涵盖与提高某项运动成绩有直接关联的耐力。简而言之，专项耐力是指持续完成专项动作或接近比赛强度的动作的耐力。有氧耐力是指个体长时间进行有氧供能的综合水平，这种有氧耐力可通过人体的最大摄氧量指标进行反映。发展有氧耐力有诸多益处，主要包含呼吸器官的基本功能能够得到明显改善，红细胞所含的血红蛋白与氧的结合能力会逐步提升。血红蛋白有结合氧、携带氧的综合能力，可以将结合的氧经过循环系统送达肌肉和其他组织，进行锻炼的人群往往可以通过增加自身红细胞的总量，提高血红蛋白结合氧的综合水平以及有机体有氧耐力的综合水平。最后，肌肉中的糖原在酶的催化下，可以进行相对旺盛的有氧代谢。心血管系统的整体功能和机能是影响最大摄氧量的重要维度。无氧耐力，是指有机体在氧气并不充足的前提下，长时间对肌肉收缩供能的综合水平。发展无氧耐力有诸多益处，主要表现在肌肉内无氧分解功能会得到有效提升，机体缓冲乳酸的能力会得到显著提升，脑细胞对血液酸碱度变化的缓冲能力和耐受能力会得到明显提升。

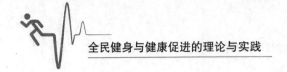
二、发展耐力素质的路径

发展耐力素质需要注意的事项主要包括以下几个方面：发展耐力素质需要充分考虑锻炼者的性别、年龄以及生理特点，男子在17岁以后、女子在16岁以后发展耐力素质较好，对于体质较弱者，应该从小运动量开始发展；耐力素质应该在有氧耐力的基础上发展无氧耐力；发展耐力素质的负荷要相对适宜，而且两组之间的锻炼要有适宜的间歇时间，动作速度为中等对耐力素质的提升较为有效。

要重视耐力锻炼中锻炼者的呼吸与动作的协调配合。耐力素质的锻炼需要常年坚持，持之以恒，还需要具有顽强的意志。进行耐力锻炼以后，应该加强自身的营养补充，通过采取各种有效的途径消除疲劳。耐力素质的高低主要取决于锻炼者有氧代谢的能力、体内相关能源物质的储备，运动员或者是锻炼者的意志力的强弱，以及运动员的心理和生理对疲劳的耐受程度。需要提高锻炼者利用氧的能力，保持锻炼者体内适宜的糖原储备，还需要提高其韧带、关节、肌肉等器官对长时间承受较大负荷的耐受能力，提升锻炼者的心理调节能力和控制能力，改进锻炼者在疲劳状态下动员机体内在的潜力，提升持续运动中自我激励的综合素质和水平，这是提升锻炼者耐力素质的重要方法和手段。进行较长时间的重复性单调练习，比如，跑步、骑自行车、游泳等，既能发展锻炼者个体有氧代谢的综合能力，又能提升进行此项运动的激情及韧带与关节的耐受能力。进行较长时间变换内容的练习，可以减轻局部肌肉和关节承受的总负荷。运动员对耐力素质的锻炼应该以发展有氧代谢能力为基础。

第四节　提高灵敏素质的实现路径

一、灵敏素质概述

灵敏素质通常是指人在变化的条件下能够快速准确协调地完成相应动作。相应动作的综合水平是人体各种运动技能和身体素质在运动中的整体体现，大脑皮质神经活动过程的灵活性及综合的分析水平是灵敏素质构成的重要生理基础。因此，可以通过改变和提升感受器的功能提高灵敏素质的综合水平。

除此之外，在体育运动实践中，掌握技能储备越多，技术越熟练，大脑皮质中暂时性神经联系的紧密程度就越深，锻炼者就能快速准确协调地做出相应动作，所表现的动作也就更加灵巧。灵敏素质是运动技能，反映神经反应以及各种综合素质的运动表现。在对抗性的体育活动，如足球、篮球、曲棍球等球类运动中，灵敏素质的表现是非常重要的。较好的灵敏素质不但有助于锻炼者更准确、更协调、更快速、更多地掌握技术和练习的方法与手段，使已有的身体素质更加有效和充分地运用到运动实践中，方便锻炼者迅速改变身体的体位，并且做出相应的动作，以适应外部环境改变的能力，而且它可以在运动和锻炼中避免各种伤害事故的发生。灵敏素质通常分为一般灵敏素质和专项灵敏素质。一般灵敏素质往往是指与运动专项无关的基础素质，而专项灵敏素质是指与具体的运动项目相关的灵敏素质。

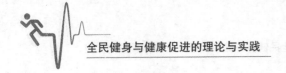

二、灵敏素质提升路径

灵敏素质提升过程中需要注意的事项有，灵敏素质的提升有赖于多建立有严格要求的条件反射，也就意味着学会正确、随意地运动储备，越多越好。因此，要重视学习和掌握各种类型的运动技术与技巧。灵敏素质是由大脑皮质神经活动过程当中的灵活性以及可塑性综合决定的，前者表现为对动作的学习和运用能力，后者表现为对肌肉群的指挥控制和协调能力。灵敏素质与复杂的运动反应有着紧密联系。这要求在进行各种形式的锻炼时，有较好的神经兴奋性、较强烈的获胜欲望、明确的锻炼目标，减少单调重复的无效练习。

发展灵敏素质应在身体条件和能量储备相对较好的时间段内进行练习。练习的强度要大，每次练习持续的时间要短，重复次数也不应该太多，保证要充分间歇时间，以不产生过度的疲劳为基本要求。人在疲劳的时候，灵敏性会变得较差。由此可见，不断提高自身的耐力水平，对保持较好的灵敏性有积极的推动作用。灵敏素质是一种综合素质，它与力量、速度、耐力、协调素质等有着密切的关系，尤其是动作速度、反应速度、爆发力和协调性等，都对灵敏素质的影响非常大。因此，发展灵敏素质应该从这些基本因素入手，可结合锻炼的具体运动项目的特征进行组合，设计符合自身实际的锻炼内容和针对灵敏素质的提升项目，并且应该从少年儿童抓起。

少年儿童阶段是发展灵敏素质的敏感期，此时还应该加强心理素质的锤炼，避免过度紧张或者恐惧导致的反应迟钝，动作协调性下降，影响锻炼者正常技术动作的发挥。由于灵敏素质是人的一种复杂的综合性技术表现，发展灵敏素质必须从全面发展身体的各项基础素质入手，需要重点培养平衡能力、反应能力等。灵敏素质提升的方法有很多种，比如，可以通过固定转换体位的练习，各种穿梭跑、折返跑进行提升。

运动员通常采用发展灵敏能力提升反应能力。除此之外，还有两种提升反应能力的方式：一是练习在跑跳中进行迅速改变方向的各种躲闪跑，以及突然启动，或者是突然转身；二是发出各种特定的指令或者具体的信号，练习时在得到相应的信号以后，迅速做出相应的反应。在武术体操的一些相对复杂的动作练习中，运动员或者是锻炼者往往需要在变化的环境中做出不对称的动作，这对锻炼者提出了更高的要求。另外，还可以通过做各种复杂多变的综合性练习来提高灵敏素质，比如，采用穿梭跑或者是立卧撑等组合练习进行综合训练。

除了上述方法外，还可以采用专门性的练习，比如，通过立卧撑跳转180度、上部重跳板单脚起跳、旋转360度左右的弧线助跑等提升灵敏素质；通过变速跑或者变向练习，在跑跳当中准确协调，快速地完成各种相对复杂的动作，比如，可以通过变向及急停变速转体等动作提升自身的灵敏素质。另外，还可以通过各种信号变化做出相应反应的游戏提升灵敏素质。

第五节　提高柔韧素质的实现路径

一、柔韧素质概述

柔韧素质，是指人体各个关节的活动幅度以及肌肉韧带的综合生长能力。柔韧素质是身体训练中非常重要的内容，对各项身体素

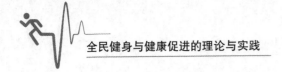

质的发展都有着积极的推动作用。因为，发展柔韧素质可以很大程度提升身体的动作幅度，提高动作的协调性和灵活性，所以它不仅是掌握基础的技术动作、提高动作规格以及防止各种伤害事故发生不可缺少的因素，而且对武术和体操等表现柔韧性的项目而言，具有完善技术结构、保持姿态优美、提高动作幅度的作用。为了更好地发挥柔韧素质的作用，提升身体训练的综合质量与效果，可以对柔韧素质进行分类，通常可以分为主动性柔韧和被动性柔韧两种。主动性柔韧，是指依靠相关关节周围的集群进行积极性运动，完成大幅度技术动作的能力。主动性柔韧，主要是培养运动者的基础柔韧，也起到发展小肌肉群力量素质的作用。

通过训练正踢、侧踢和后踢腿，可以增大锻炼者的动作幅度和提升快速发力的能力，能够保证锻炼者做出的动作既有柔性又有韧性；反过来，力量素质的发展，又能促进主动柔韧性水平的提升，因为很多动作的完成不仅需要运动员具备柔韧素质，还需要运动员有一定的爆发力。被动柔韧性往往是运动员需要借助主动柔韧性发力，从而能达到的最大活动幅度，比如，锻炼者可以通过扳腿、压肩、压膝关节等形式提升柔韧素质。那么影响柔韧素质提升的因素包含哪些呢？锻炼者的韧带和肌肉的弹性不仅取决于年龄和性别，还取决于神经系统的兴奋性与灵活性。当运动员或者是锻炼者的情绪高涨时，柔韧性会相对较好。因此，柔韧训练要从少年儿童抓起，在进行练习的时候，其综合情绪也不能忽视。

关节的骨结构是发展柔韧素质过程当中不容易改变的因素，基本上由先天决定，比如，先天的骨盆形态扁平，那么它的髋关节柔韧性就较好。关节周围组织体积大小，对关节活动的幅度有重要影响。它受先天和后天综合因素的影响，有些肌肉的体积增大以后，会影响周围关节的活动幅度和范围。对于锻炼者而言，控制肌肉体积的增大也是非常重要的一项任务。神经系统的抑制与兴奋以及它们之间转换的灵活性与运动当中肌肉的基本张力有着密切的联系，特别是中枢神经系统对于改善肌肉间的协调性，以及调节肌肉的紧张与放松能力具有重要的影响，也就意味着在提升柔韧素质的过程中，锻炼者不能过分地紧张，动作越放松越好。相关研究证明，柔韧素质水平较高的人，肌肉的随意放松能力较高，这与中枢神经系统支配骨关节的神经的抑制与兴奋的转换灵活性密切相关。

二、柔韧素质提升路径

在发展柔韧素质的过程中，主动或者被动拉伸方式往往行之有效，且比较流行的方式。缓慢地将肌腱韧带和肌肉拉伸到有酸胀感的位置并维持，停留 10 ～ 30 秒，每组的练习重复 4 ～ 6 次。此类拉伸方式可较好地控制力量和幅度，在练习中较为安全，尤其适合没有经过训练的锻炼者，或者是运动量相对较少的人群。由于拉伸缓慢，可以最大限度避免拉伤。主动或被动拉伸方式要有节奏，速度较快时动作幅度也会逐渐加大。

主动弹性伸展靠自身力量进行拉伸，而被动弹性伸展靠同伴辅助，或是借助外力进行拉伸。在利用主动或被动的动力性伸展进行锻炼时，所用力量应与被拉伸关节的伸展能力相适应。如果所用力量大于肌肉组织的可伸展能力，肌肉或者韧带就会产生损伤。在运用这种方法时，不应该用力过猛，幅度要从小到大，先做几次小幅度拉伸，等锻炼者适应以后，再逐渐加大运动幅度，从而最大限度避免运动损伤。

第五章　实现健康促进的常用运动项目

第一节　网球

网球运动是逐渐兴起的一项球类运动，是世界范围比较流行的运动项目，也是运动寿命最长的体育锻炼形式之一。网球运动具有变化多、观赏性强、健身性强、比较高雅等基本特点，运动量可大可小。[①]

网球运动是有氧运动，是一项老少皆宜的体育运动形式。随着生活水平的不断提升，人们的健康意识也在逐渐增强，越来越多的人参与到了网球运动中。经常参与网球运动的人能够有效提升个人心血管系统的机能以及增强肌肉的对抗能力，能够很好地疏解在工作和学习当中遇到的不良情绪，在运动当中享受乐趣。

网球运动已经超越了运动项目本身，网球运动不仅能够强健体魄，增强个人自信心，而且能通过高雅的网球文化礼仪，提升人的文化素养。通过参与网球体育项目，人们的道德规范意识也增强了。网球运动已经逐渐发展为成人与人之间加强交流、增进情感的重要平台。

---

① 陈经城. 新时代我国网球运动产业化发展路径研究 [J]. 广州体育学院学报，2021, 41(5): 29-31.

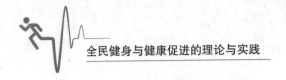

第二节　跑步

一、跑步概述

跑步的基本含义是在陆地上使用足部进行运动的形式。它在运动上的定义是一种特定的步伐，双脚不会在同一时间接触到地面。它可以是一种有氧的或无氧的运动形式。跑步是一种方便的日常体育锻炼方法，也是进行有氧锻炼的有效运动形式之一。

虽然跑步这一运动形式比较简单，但是需要注意一些最基本的要点，如运动以后不能立刻喝水，不可以蹲下或躺下，应该适当地做一些放松运动，这样有利于缓解疲劳，更快恢复。在比较正规的比赛或锻炼中，在听到跑步准备的口令时，应该两手迅速握拳，提到腰际或与腰带同等高度。听到动令以后，上体稍微前倾，两腿弯曲，左脚前脚掌先着地，身体的重心往前移动，右脚按照此动作进行，上体保持相对的正直，两臂随着身体的运动前后自然地摆动。向前摆臂的时候，大臂要略微伸直，肘部要贴于腰际，小臂相对较平，稍微向里靠拢，两拳内侧相距大约 10 厘米，一般情况下，行进的速度为每分钟 170～180 步。听到立定的口令后还应再向前跑两步，然后两拳收于腰际，停止摆动，右脚靠拢左脚，同时将双手放下呈标准的立正姿势。

跑步时，第一步必须往前跃出去。跑步过程中，要根据具体情况调整落脚具体姿态。在做立定的动作时，要注意靠腿以及放臂动作的一致。跑步看上去是一个简单的技术动作，但是要跑好也是有学问的，要采用最科学的锻炼方式才能达到最优效果。如果没有养成良好的锻炼习惯，就容易在日常生活中体重过重，主要原因是运动不足，机能下降，能量消耗较少，能量的消耗远远小于能量的摄入，最终能量以脂肪的形式储存下来。跑步一方面可以增强肌肉的力量；另一方面可以提高身体的基础代谢能力，加速脂肪的燃烧，最终养成易瘦体质。跑步能够燃烧脂肪，减轻体重，提升自己的身体机能，保持健康的身体状态，姿势正确还能使自己的形体变得更加优美。

跑步时的摆臂动作能够锻炼胸廓周围的肌肉群，使身形变得优美，使自己的两个 S 曲线体现得更加明显。另外，养成跑步的习惯还可以促进体内激素的分泌，让身体保持年轻的状态，肌肉变得更加紧致。在户外跑步时，人们不仅可以呼吸新鲜的空气，享受大自然的馈赠，还可以舒缓学习和工作的压力，使自己的身心处于放松的状态，另外，还能提高脑部和内脏的机能，使整个身体变得年轻，充满活力。

二、跑步动作要领

跑步时，保持头与肩相对稳定，头要正对前方，如果道路不平，就不要往前探，两眼要紧紧注视前方。在跑步的过程中，肩部要保持适当放松，避免含胸驼背。跑步的基本动作要领是，摆臂应该以肩为轴前后运动，左右的运动幅度应该不超过身体的中线；手指与手臂应处于放松的状态，肘关节的角度大约为 90°，摆臂的肘关节应该尽量往上抬升，随着动作的提速逐渐抬高。

躯干与髋的跑步动作要领：从颈到腹部应该保持直立，而非往

前倾斜或往后仰，这样有利于保持相对平衡；呼吸保持相对稳定，躯干在跑步中不应该有太大的摇晃或起伏，跑步时应该注意髋的有效转动和良好的放松。

腰的动作要领：腰部要保持自然直立，不应该过分挺直；肌肉要稍微保持一点紧张程度，维持躯干的基本姿势，同时注意缓冲，脚需要对整个震动起到缓冲作用。

大腿与膝的动作要领：大腿与膝用力往前摆，而不是往上抬腿，任何侧向动作都是多余的，而且动作不对容易导致膝关节发生损伤，因此大腿的前摆一定要正。

小腿与跟腱的动作要领：脚应该落在身体往前约1尺（1尺≈33厘米）的位置，靠近正中线，避免跟腱因收得过大发生损伤；注意小腿肌肉和跟腱在落地一瞬间的缓冲，落地时小腿应该积极向后扒地，使身体积极往前；小腿前摆的方向要正，应该尽量往前迈，不要外翻或后翻，否则踝关节和膝关节容易产生损伤；正确的落地姿势应该是脚的中部着地，并让冲击力逐步分散到全脚掌，最后形成良好的支撑和缓冲。

三、跑步注意事项

如果跑步时不注意要点，人体的某些部位就可能产生损伤，比如，脚踝，如果脚踝的肌肉比较薄弱，加上双脚落地的姿势和技术动作又不规范，跑步时就容易产生损伤，跑步也就很难长期坚持下去。对于业余跑步者而言，跑动时脚跟自然落地，是常见的技术动作，长此以往会加大脚部摩擦，最终导致运动损伤，也会挫伤其锻炼的积极性。因此，可以购买一双带有脚跟缓冲气垫的专业跑步鞋，从而减轻脚跟与地面的摩擦。

从长远角度来看，锻炼者逐渐适应脚掌着地，增强关节与地面的缓冲，这能够最大限度地保证跑步时不受到伤害。跑步技术动作比较简单，但是要根据自身的具体情况合理安排。相对于脚踝，膝关节在身体跑动时承受的压力较大，更容易受伤。应该据此做出相应调整。如果体重过大，最好采用快走的形式替代跑步，将运动对膝关节的损伤程度降到最低。哪怕是采用正常的步数进行散步，只要持续时间在 60 分钟以上，也能起到良好的锻炼作用，可以有效消除脂肪，提升自身的身体功能和免疫力。

　　跑步前后的调整同样重要，跑步之前应该做一些伸展的练习和深蹲的练习，消除肌肉的紧张感，达到一个放松的境地，为接下来的跑步做良好的铺垫。跑步过程中，应掌握好呼吸的节奏，保持均匀而舒畅的呼吸节奏，这样能有效减轻心肺的负担，保持相对充沛的体力状态。跑步后，应该注意不能立刻停下来，最好能慢慢走一段路，以便调整自己的呼吸和心率，同时这也是对自我心绪和心情的调整。另外，不要被外界绚丽的广告影响从而盲目选择一些运动饮料。业余跑步者消耗的运动量与专业的运动员相比还是有很大差别的，在跑步的过程中，流失的电解质相对较少，因此，通过纯净水补充水分，就可以达到目的。

　　对于上班族而言，每天工作压力较大，要想每天坚持跑步并不容易。如果有了良好的意识，那么不管是在任何时间和地点，只要让脚动起来，循序渐进，保持一定的毅力和恒心，就能起到放松身心、消耗脂肪、增强体质、增强免疫力的作用。根据科学合理的跑步计划，合理安排时间，做充分准备，是对自身健康最有益的投资。

　　凡是参加跑步锻炼的人都应该注意循序渐进，特别是要控制运动量。对于刚开始跑步的人，一定不能运动负荷过大，否则就会产

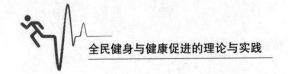

生大量的乳酸，导致全身酸痛，会大大挫伤锻炼者的积极性，使锻炼者产生不想长期坚持的想法。另外，锻炼者还需要学会自我控制，这一点尤为重要。

有时，锻炼者的跑步意愿会急剧下降。这时，要有清醒的认知，区分到底是自己身体出了问题不能跑，还是自己的惰性思想导致自己不想跑。在锻炼初期，跑步的速度以没有不舒服的感知觉作为基本的衡量条件，跑完的距离以没有疲劳感作为基本的衡量标准。跑步以后出现下肢的肌肉疼痛是非常正常的反应，坚持锻炼一段时间，这种现象就会消失，身体对乳酸的耐受能力也会提升。

在短时间内取得较好的锻炼效果是不太现实的。欲速则不达，只有循序渐进，小步快跑，才能达到提升体质、提升免疫力，最终形成健康体魄的目的。如果一周只跑一次，那么跑的距离再长也没有太多的益处。三天打鱼两天晒网的运动形式会导致训练效益大为降低。因此，一周内的跑步次数不应该少于 3 次。缺乏锻炼的人一旦决定开始锻炼，就会产生运动过量的情况，这样会发生不好的情况。根据以往的经验不难分析出，运动者必须对运动量的大小有足够的认识和调整。

跑步并不是越快越好，不能忽快忽慢，而是步数要保持适中，这样才是最好的跑步锻炼方法和手段。在跑步过程中，不能因为疲劳而立马坐下来，在想停下来之前应该慢慢散步几分钟，让身体有一个缓冲过程。跑步最佳的时间是早晨和傍晚，早上的空气比较清新，是很有利于跑步锻炼的，迎着早上的朝霞，慢慢在林间跑步，可以达到神清气爽、心情愉悦的状态，能够提升自己的身体机能，促进自身的新陈代谢。但是，早上的空气湿度较大，空气当中附着的污浊颗粒较多，对于有呼吸道疾病的人群非常不适宜。

傍晚跑步前应该进行充分的热身，在气温比较适中的时间段运动，在跑步之前应该先喝水，可以补充在跑步中散发的水分，还可以食用香蕉补充钾元素。跑步时的运动量要循序渐进，千万不能一开始就上较大的运动量和强度，应该逐渐增大运动量和强度，每周跑的次数应该小于等于 3 次，每次跑 15 分钟以上，等自身的身体机能已经适应跑步的负荷以后，才可以增大运动量和强度，每周跑步的次数可以大于 3 次，每次跑步的时间可以大于 30 分钟。总之，循序渐进的跑步节奏和跑步计划有利于锻炼者的健身。

第三节 瑜伽

瑜伽运动的特征主要体现在运动过程中，基本动作都与呼吸有着千丝万缕的联系，所有冥想都需要良好的呼吸和节奏进行完美配合，它强调通过呼吸去感受身心的变化，使自己的心境达到一个和谐、平和的境地，让人进入非常放松的状态。瑜伽运动安全性较高，适宜各类人群，任何年龄阶段的人都可以根据自身的具体情况选择相应的练习形式。

目前，瑜伽锻炼在我国高校体育中得到广泛推广，众多学生通过瑜伽锻炼，运用古老而易于掌握的身体动作，提升身心健康和情感调整能力，从而达到身体与精神的完美统一。瑜伽不仅能够丰富校园生活，而且能够改善锻炼者的身体形态，增强锻炼者的体质和免疫力，并陶冶锻炼者的情操。

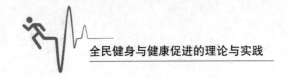

第四节　健美运动

　　健美运动作为一项独立的运动形式，除了具有一般体育活动共有的增进健康、提升技能、增强免疫力的作用之外，还具有增强各个肌肉群的力量、增强体力、改善身体形态和形成美好情操的综合价值。它不仅强调健身，而且强调美感，把体育和美育合二为一。竞赛项目有规定动作和自选动作，健美运动不仅包括以比赛为目的的竞技健美，也包括以减肥和改善身体形态为目的的群众性健美活动。

　　基本健美运动可以采用各种徒手的练习形式，如徒手的健美操、形体操以及韵律操等；采用各种抵抗外界阻力做功的运动形式；采用各种轻重不同的运动器械进行锻炼，如壶铃、哑铃、杠铃等举重的器械；采用单杠、双杠等体操器械以及轮滑弹力器、橡皮筋、弹簧、弹力器和各种特制的训练器械进行锻炼。健美运动的运动方式也多种多样，既有成套的健美操运动，也有球棒等轻器械体操，这主要运用于女子的健美锻炼，用以改善身体形态或减肥。

　　女子通过提高自身的韵律感，可以达到陶冶情操的目的，而且许多动作能够提升肌肉的发达程度，这些动作主要运用在男女竞技健美训练中。为了达成健美的目标，需要有专门的训练方法和手段，如在采用举重等器械做各种动作时，在器械的重量，动作的次数、组数、做法和速度等方面都有着特定的计划。

　　健美是强调肌肉健壮和美感的综合性运动形式，而不是一种竞技运动，健美只是在表达肌肉的美感，与传统的竞技项目有着很大的差异。健美起源于古希腊，最初只能由男子参与，男子粗壮、发达的肌肉和健壮的双腿成为美感的衡量标准。健美与人的身体形态紧密相关，健美是人的形体美的基础要素，人体有匀称的比例、流畅的线条、对称的造型、匀称的四肢、坚强的骨骼、弹性的肌肉、丰满的躯体、健康的肤色，这都是外在形体美最重要的衡量标准。健美还要有内在的气质、充沛的体力、愉快的情绪以及青春的活力。美的人体应该是美感、力度和健康的完美组合。美的人体首先应该是健康的，失去了健康的身体，也就失去了基本的形态美和气质美。只有匀称健康的人的身体形象，才能表达出富有生命力和活力的美感，才能显示出充沛的精力和生机勃勃的生命周期，才能成为人的内在素养的载体。要形成优美的体型，应该积极参与各种形式的体育运动，并进行适当的体育锻炼。健美的身形可以通过后天的锻炼形成。人的身体结构是比较完善的，具有很大的可塑性，需要有良好的营养和持续的锻炼。坚持不懈的体育锻炼形式是形成健美的身形的基本条件，它能使机体的各个部位都得到发展，使肌肉变得比较坚实而富有弹性，关节变得非常灵活，体型变得协调，面色红润。在进行呼吸的时候要做到节奏均匀有力，要有适当的深度，吸气要均匀而柔和。呼吸还应该与步伐紧密配合，更好地满足身体对氧气的需求。步伐配合呼吸的方法应该是两步一吸、三步一呼，这样人运动起来后才会感觉轻松愉快。

第五节 乒乓球

乒乓球运动在我国有着相当广泛的群众基础，由于它不受年龄、性别和身体素质等诸多限制，拥有广泛的接受人群，很多人对它非常感兴趣。乒乓球体积小，旋转变化多，速度快，经常进行乒乓球对抗的人往往视觉敏锐度高，神经系统灵活性非常好。乒乓球运动通常有单打、双打、团体等比赛形式，通过比赛既可以培养独立思考和英勇作战的作风，也可以充分展现集体主义风貌。

乒乓球运动自诞生以来，以其独特的魅力吸引着亿万爱好者和观众参与到了这项运动中来。参加乒乓球锻炼不仅可以增强体质、提高身体机能、磨炼意志，还可以达到增进友谊、相互交流、共同提升技能和身体机能的目的，从而养成积极乐观的人生态度。在人们生活水平日益提升的现代社会，乒乓球的锻炼价值越发彰显。

第六节 广场舞

一、广场舞的特点

广场舞是群众性、参与性很强的艺术表演形式，表演方式是以集体舞的形式展现，少的时候几十人，多的时候能达到几百人，场面往往非常热闹，环境往往比较嘈杂。广场舞大多是在广场上进行表演，表演场地一般比较开阔，表演人数较多，因此，广场舞一般是以集体舞的形式展现，在宽阔的场地表演。广场舞表现出来的第一个特点就是集体性。

广场舞的第二个特点是随意性。广场舞是在广场现场进行表演的艺术表现形态，广场舞的表演形式有很大的灵活性，时间可以自由控制，可长可短，完全根据表演者当时的主观意愿决定。如果表演者临时有事，可以中途退出，个人的退出并不会影响群体的锻炼热情。

广场舞的第三个特点是自娱性。广场舞自诞生以来，就是以自娱自乐为主，民众在参与广场舞时并不要求有任何的名利收获，目的就是自娱自乐。广场舞往往是民众发自内心的自发性表演，利用舞蹈抒发自己的情感，使舞蹈者的内在情感得到宣泄，产生精神振奋的内在愉悦感，同时观赏者也能得到某种程度上的观赏享受，这使舞蹈者有了表达自我舞蹈记忆和情绪的机会，从而产生愉悦感。这就是广场舞能够达到自娱性的根本原因，也是其诞生以来能够经久不衰的主要原因。

广场舞的第四个特点是自发性。很多市民自发组织广场舞活动，他们不求名不求利，只是为了形成小范围内广场舞锻炼的氛围。有些人甚至自费购买音响设备和相应的器械。他们虽然没有正规的锻炼场地，但他们的音响、扇子等设备一应俱全。在领舞者的带动下，很多市民逐渐熟悉了这项运动，并对其越来越喜欢。

团队中，还有一些人由于没有舞蹈基础，通过网上视频进行学习，甚至到专门的舞蹈团队进行学习，学会以后，再教给更多的人。如此一来，广场舞的舞种变得越来越丰富。很多人都是义务教群众

跳舞，他们在帮助别人的同时，自己的价值也得到了体现，生活也变得更加充实。教导者往往不计报酬，并且经常是带着设备进行教学。广场舞丰富了人民群众的业余文化生活，是非常有意义的一项体育锻炼形式。

二、广场舞的作用

广场舞具有体育锻炼的价值。经常锻炼的人，心血管机能和呼吸系统都得到了良好的锻炼，心肺系统功能也得到改善，加速人的新陈代谢，促进消化，消除人的精神疲劳和精神紧张，从而实现延年益寿、延缓衰老、增进健康、增强免疫力、提高人的活动能力等多维价值。

广场舞的第一个作用就是健心。从心理学角度来看，人的注意力是心理活动对某个对象的集中与指向，也就是说，注意力受人的心理指向制约。在广场舞翩翩起舞的运动过程中，人们的注意力必然会集中在欣赏优雅的舞蹈和舞曲上，并随着节奏将内心的情绪充分地发泄出来。由于注意力的转移能够使身体得到调整与休息，把一些不良情绪和不好的事情全部抛在脑后，参加这项运动能够消除紧张的情绪和舒缓压力。在婉转悠扬的音乐和美妙的舞姿当中，练习者的疲劳得到了消除、心灵得到了陶冶，从而获得了比较愉快的情绪，最终达到非常好的心境。

广场舞的第二个作用就是健脑。记忆往往是过去经验在大脑中的反映，其具体形式有情绪记忆、运动记忆、逻辑记忆、概念记忆和形象记忆。广场舞排舞不仅要综合运用概念记忆和形象记忆，而且要运用情绪记忆和运动记忆。随着年龄的增长，人的记忆力会有退化过程，这是自然规律。然而，通过排舞练习以及对大脑神经的持续刺激，往往能够减缓人自身记忆力的衰退，最终达到极好的健脑功效。

广场舞的第三个作用就是健美。广场舞的练习是随着优美的动作和音乐旋律，用心灵把多维的情感注入舞蹈中，并以高超的技艺将自身的情绪通过动与静的结合充分地塑造出来。优美的舞蹈往往体现出美的造型、美的姿态和美的灵魂，往往创造出体育艺术、健美与力度的高度融合，给人带来艺术和美的熏陶与享受。所以，广场舞练习对健康姿态和形态都有着极高的要求。排舞练习是很好的形体锻炼形式，它能提升人的灵敏度和协调能力，使身体的各个肌肉群得到良好锻炼，能够增加骨密度，对人的身体形态健美具有良好作用。一些经常锻炼的中老年人，身形往往和年轻人相似。

广场舞的第四个作用是降低脂肪含量。广场舞是活跃在各个城市中亮丽的风景线，也是城市人非常喜爱的健身减肥方式。因此，广场舞中有一种舞蹈形式叫作"瘦身舞"。跳舞是非常好的运动形式，其不仅可以达到减肥的目的，还可以增强人的身体机能，提升自身免疫力。很多通过广场舞锻炼的人，最终由肥胖的身体形态变成了优美的身体形态达到了减肥的效果。

三、跳广场舞的注意事项

第一，跳广场舞的时间要有良好的控制。有些人为了满足自己的舞蹈意愿，早上起来连早餐都不吃就进行广场舞的锻炼，还有部分人在晚上跳到转钟还没有结束，这会影响周围人的休息，激发跳舞人群与周围市民的矛盾，这都是不可取的。空腹跳广场舞有可能导致低血糖的发生，严重者可能导致昏厥。如果跳舞跳到很晚，不仅会对周围居民的休息造成严重影响，还会扰乱自身正常生物钟，

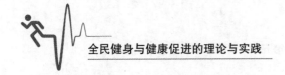

影响睡眠，导致多种慢性疾病。除此之外，跳广场舞的场地往往会集中大量的人，空气的流通性较差，时间过长会对呼吸系统有不良的影响。因此，跳广场舞的时间最好是晚饭以后一个小时，每次跳广场舞的时间控制在一个小时左右。

第二，跳广场舞的时候，很多人会穿着拖鞋或硬底鞋，甚至有些人还在跳广场舞时穿紧身裤，其实这些都对自身安全和健康不利。虽然广场舞不像专业舞蹈那样需要非常严格地执行着装要求，但广场舞也是全身运动，腿脚活动的频率非常高，因此，所穿鞋子一定要非常舒适，最好是穿防滑鞋或软底鞋，以免造成损伤。运动鞋还会对跳舞时产生的震动形成缓冲，对大脑和心脏起到良好的保护作用。穿拖鞋有发生摔倒的危险，对中老年人而言，摔倒对自身的影响非常大；穿硬底鞋则有可能损伤自己的踝关节。

第三，广场舞的保健作用得到了绝大多数人的肯定，但有些人认为如果强度过大也会对身体造成不良的影响。其实，中等强度的广场舞是有氧运动，在跳舞的过程中，跳舞的人群能够进行正常交流，身体机能能够得到调动。如果跳完广场舞以后出现了大汗淋漓的情况，不仅容易造成感冒，还会使自身的血容量减少，使自己的血液变得黏稠，有诱发心脑血管疾病的风险。因此，跳广场舞的基本方式是勤加练习，考虑成套动作的难易，学习传统动作并加强对新动作的掌握，选用专门的练习方法进行提升。

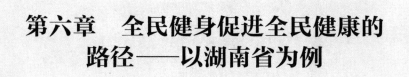

第六章　全民健身促进全民健康的
路径——以湖南省为例

第一节　我国全民健身促进全民健康概况

一、我国全民健身的发展历程

（一）1978—1994 年：探索与推进

1978 年，党的十一届三中全会决定将全党工作重心转移到社会主义现代化建设上来。1982 年修改的《中华人民共和国宪法》颁布，并在第一章总纲中规定："国家发展体育事业，开展群众性的体育活动，增强人民体质。"这成为我国体育事业发展的根本原则。同时，它在第二章规定："国家培养青年、少年、儿童在品德、智力、体质等方面全面发展。"1982 年版宪法虽未提及"全民健身"，但"群众性""体质""体育事业"等内容描述均指向了此阶段我国体育事业正向着"全民健身"进行探索，为《中华人民共和国体育法》（以下简称《体育法》）的颁布与全面推进全民健身夯实了基础。

（二）1995—2015 年：改革与繁荣

长期以来，我国群众体育的地位始终弱于竞技体育，体育界长期存在群众社会效益弱于竞技体育金牌效益的观点。但人民群众对体育运动的需求与实际体育服务供给之间是有矛盾的。因此，在 20 世纪 90 年代市场经济改革、重视"以人为本"的前提下，国家在政策层面给予群众体育以特别关注。①

---

① 周学荣，吴明. 全民健身上升为国家战略的时代背景及价值[J]. 体育学刊，2017, 24(2): 39-44.

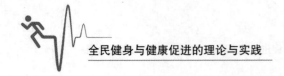

1995 年，国务院颁布实施了《全民健身计划纲要》，全国人大常委会通过了《体育法》，这标志着我国 20 世纪末体育事业的纲领性文件正式发布。在 1995 年版《全民健身计划纲要》的影响下，各地全民健身器材、农民健身工程、"雪炭"工程、国民体质监测工程、体育公益彩票、加强社会体育指导员培训工作等系列政策陆续实施。1995 年版《全民健身计划纲要》让全民健身概念被大众熟知，在全民健身改革之路上完成了社会动员与基础搭建。2009 年 8 月，《全民健身条例》正式出台。《全民健身条例》是我国首次就公民体育权利的内容出台的体育法律文本。在此阶段，国家将公民的健身服务归属于公共产品，提出体育锻炼公共服务是国家和政府的责任与义务。在 2008 年北京奥运会的影响下，全国体育锻炼成风，进一步促进了我国全民健身事业的繁荣发展。2011 年 2 月，《全民健身计划（2011—2015 年）》发布，将全民健身工作提高到"是综合国力和社会文明进步的重要标志，是社会主义精神文明建设的重要内容，是全面建设小康社会的重要组成部分"，并且要求"坚持体育事业……提高全民族身体素质……努力奠定建设体育强国的坚实基础"。除去提纲挈领的内容，《全民健身计划（2011—2015 年）》在全民健身的可操作性层面上，提出了多项要求。我国全民健身事业经过多年改革，自此发生了从量变到质变的转化。

（三）2016 年至今：创新与发展

《全民健身计划（2016—2020 年）》指出，"国家的重要发展战略"是全民健身，明确了全民健身的工作原则、根本目标、出发与落脚点以及发展的理念。第十三届全国人民代表大会第四次会议和中国人民政治协商会议第十三届全国委员会第四次会议（以下简称"两会"）在 2021 年 3 月举行，两会提出了"十四五"规划中关于全民健身的论述，指出要完善全民健身公共服务体系，对学校的体育馆、公共场馆、社区运动馆等场地开放共享，使健身场地的覆盖率提升，为公民健身跑步、强身健体提供场地，根据当地情况建立各种体育公园，增加城市体育公共设施的投放量，把我国建设成为"体育强国"和"健康中国"。在此基础上，《全民健身计划（2021—2025年）》重点围绕设施供给、标准化建设、社会组织活力、大众赛事以及推动体育产业高质量发展，致力于打造满足人民健身热情的全民健身公共服务体系，强调协调和融合发展。

二、我国全民健身促进全民健康的必要性

1995年，国务院颁布了《全民健身计划纲要》，中国的首部《体育法》也在1995年获得通过，此后又相继出台了一系列规章制度和体育法规，提高国民体质和健康水平被国家体育总局作为工作重点。全民健身是在全国内让老百姓整体提高身体素质，提高身体各个部位协调能力，进行身体锻炼。全民健身有利于民众的身体健康发展、心理健全稳定，更有利于社会良性互动与和谐。[①]全面提高国民健康水平和体质是全民健身目的所在，把重点放在青少年和儿童上，提高青少年运动量，提升后备力量，建议全民做到每天参加一次以上的体育健身活动，学会两种以上健身方法，每年进行一次体质测定。为纪念北京奥运会的成功举办，国务院批准从2009年起，将每年8月8日设置为"全民健身日"。

2002年底，国家体育总局公布的"中国群众体育现状调查"显示，2000年，中国的体育人口占可统计的7～70岁总人口的

---

① 张军骑，郭敏. 全民健身战略背景下我国马拉松赛事问题审视及对策 [J]. 兰州文理学院学报（自然科学版），2020, 34(5): 88-92.

33.9%，比 1996 年提高了 2.5 个百分点；体育人口中老年人的比重略有下降，中青年的比重略有上升；城乡居民以家庭为单位全年体育消费平均为 397 元。得益于此项为期 15 年的计划，群众体育健身的环境和条件正在逐步改善。各城市社区、公园广场、草坪和路旁以及居民聚居的地段，普遍设立了便民的健身场所，并配置了形式多样的体育健身器械和设施。近年来，国家体育总局把体育彩票公益金中央收入部分的 60%，总计约 7.5 亿元用于全民健身活动。在一些大中城市，为健康而消费成为新时代提高生活质量的一种时尚。部分新兴体育项目，如攀岩、马术、蹦极、保龄球、滑板、女子拳击、沙弧球、跆拳道、高尔夫球等运动，尤其受到年轻人的青睐。

随着当今我国城乡经济社会各项事业的协调快速向前发展，城镇化、工业化建设进程也逐步加快，人口老龄化程度不断加大。在城市老龄化进程及健康提升加快发展的同时，我国许多居民生活方式、环境和自身疾病也发生深刻变化。糖尿病、高血压综合征等多种慢性病高发，中年"三高"人群不占少数。慢性病不仅影响人民的生活、饮食方式，同时威胁着患者生命安全。《中国居民营养与慢性病状况报告（2020 年）》指出，近年来，由于受到国际人口以及老龄化社会问题和当前中国城市化影响，我国慢性病患者数量正不断增加，慢性病死亡人数也不断增加。全世界目前的医疗手段只能控制慢性病病情的发展，减少并发症，对这些疾病还难以实现完全治愈。[1] 积极参与体育锻炼、改善生活方式，已经被公认为最经济有效的手段。因此，我国需要构建高水准的全民健身公共服务体系，这样才能使人民群众参与全民健身的积极性得到提升，才能使

---

① 吕树庭. 加强学科建设 回应全民健身：体育社会学学科建设的成绩、问题与应对策略 [J]. 广州体育学院学报，2018, 38(1): 1-6.

人民日益增长的运动健身需求得到满足。这是从以治病为中心向以人民健康为中心转变、从医疗健康干预向非医疗健康干预转变的重要手段。

对于我国全民健身概念的提出，主要有两个方面的背景：一是世界体育发展对我国产生的深远影响，二是发展中国特色社会主义的基本需求。

大众体育和全民健身在世界范围内的发展中有世界性民间组织和政府组织，两者都非常注重大众体育和全民健身发展。实际上，各国都根据自身情况，对大众体育的发展进行了全面规划，尤其是从法律层面对全民健身的规划进行了保障，确保人民群众的健康教育具有良性和谐可持续推进的可能性。[①]中华人民共和国成立后，体育健身事业得到了很好的发展，并且取得了明显成效，体现在各种形式的体育活动开始遍布城市和乡村；我国体育的物质条件得到了提升；参加体育活动的人口比例得到了增长；人们的身体健康意识得到了提升；提高了老百姓的综合素养，同时为社会主义现代化建设提供了基本保障。总之，体育健身事业在我国取得这些成效，与我国政府和民间组织对体育健身的重视密不可分。同时，应该注意到，全民健身工作虽然取得了部分成效，但是面临着诸多问题和挑战。从整体层面分析，我国全民健身工作还不符合现阶段社会主义现代化建设的标准，主要原因有以下几个：第一，全体人民还没有意识到体育健身的极度重要性，我国也没有开展大规模的全民健身常规化活动，参与体育锻炼的人群的比例相对较低；第二，不能满足所有人对体育健身的需求，已有的体育场地和设施大部分需要收

① 李龙. 全民健身与体育产业共生关系的现实观察与发展路径 [J]. 中国体育科技，2017, 53(2): 93-99.

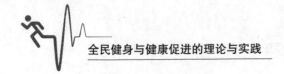
取并不便宜的费用；第三，对于全民健身工作，我国还没有建立具备科技含量的监测和管理体系；第四，相关法律法规的执行力度相对较小；第五，现阶段的全民健身管理体制和运营机制属于初级发展阶段，不能适应我国新时代经济发展和社会发展需求。

三、全民健身促进全民健康的服务内容

全民健身推动全民健康，并且是全民健康的重要支撑。将全民健身和全民健康相融合，就能提供更有利的条件，"以人民为中心"的发展理念能够被有效落实。加强全民运动健身，可以使人们的健康水平得到提升与保障。构建科学化、规范化、有效化的全民健身公共服务体系，形成了强大的合力，同时使全民健身各方面政策的重要举措得到落实，推动了全民健身的发展。①

在我国全民健身概念提出后，需要对全民健身进行系统和科学的规划。在实施过程中，应不断深化和修复全民健身体系，使全民健身得到最大化突破。从目前全民健身发展情况来看，虽然和之前相比有了很大的进步和提升，并且公民的健身、健康意识在不断增强，但如果按照健康中国建设标准，在组织和开展全民健身的活动过程中仍然存在很多问题和制约因素，这就需要对此有清晰的认识，秉持推动健康中国建设的思想，积极采取更加科学的方法和措施，使全民健身得到加强。在具体的实施过程中，既要坚持问题导向，也要深刻认识到全民健身的重要性，解决全民健身存在的制约因素，采取更加科学的方法和措施，使全民健身体系得到优化和完善，让全民健身步入科学发展轨道。

---

① 李玉周，王婧怡，江崇民. 健康中国视域下全民健身促进全民健康的多元价值研究 [J]. 西安体育学院学报，2019, 36(2): 151−155.

全民健身服务可以归纳为以下几个方面的内容。一是健身设施的服务。要落实此类服务，需要加强对各级各类公共运动设施的维护与管理，规范服务的基本标准，拓展服务内容，建立社会体育设施的多维服务体系，实行多时段、多种服务模式的体系构建，为广大人民群众提供生活和锻炼的便利。二是健身组织服务。想要提高此类服务的质量与数量，就必须使体育组织得到加强。对于群众来说，基层体育组织的质量和数量与自己息息相关，通常有组织活动的体育更专业。健身组织服务的质量关系到群众健身的质量与参与度。要加强对群众性体育组织和团队的管控，增强体育组织的持续发展与执行能力。要开展体育的援助和培训工作，培育和拓展体育社团，建立体育骨干的培育和培训机制，鼓励有组织地进行各种类型的体育活动。① 三是体质监测的服务。要加强群众体质的监测和诊疗服务，建立群众体质监测及其服务体系，形成群众体质监测的预警和诊疗机制，实施体质的追踪监测和诊疗体系及其数据库的建设，定期公布体质测量与评价的数据，积极引导人民群众关注自身的体质和技能的现有水平。四是健身指导的服务。要完善此类服务，需要加强体育健身咨询，开展科学健身知识培训，提升大众进行健身的科学化和系统化程度。要推行职业性和公益性的社会体育指导员制度常规化，实行体育健身的分类指导和健身技能培训服务。五是体育活动服务。大力倡导运动项目的创新，积极引进和创新适合人民群众的新型运动项目。积极搭建运动会和群体活动平台，鼓励举办各种体育竞赛和表演活动，最大限度吸引广大人民群众积极参与。六是信息咨询服务。此类服务的完善，需要强化健身宣传，为群众

① 　王明明．全民健身与全民健康融合的理论基础与实践逻辑 [J]．体育研究与教育，2020，35(1)：5-11，97．

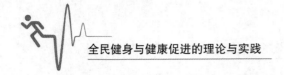

提供咨询和情报服务，建立广播、电视、报纸、互联网等多渠道的沟通网络，加强健身服务信息的建设，以服务为主，构建大众健身的信息化服务平台，方便人民群众获得实实在在、触手可及的运动健身知识和技能的培训及服务。

第二节　湖南省全民健身促进全民健康概况

一、湖南省全民健身有关政策情况

湖南省长期以习近平新时代中国特色社会主义思想为指导，深入学习贯彻习近平总书记关于体育工作的重要论述和习近平总书记在湖南考察调研时的系列重要讲话指示精神。坚持以体育强省和健康湖南建设为主线，坚持守正创新、真抓实干，使各项工作卓有成效，充满生机与活力。湖南省政府高度重视体育工作，先后出台了《湖南省全民健身条例》等一系列法规政策制度。

在 2020 年，湖南省政府通过《湖南体育强省建设规划（2020—2030 年）》，明确了湖南省未来十年体育事业的发展方向和目标任务，还专门就全省全民健身工作开展专题询问，并派调研组深入全省调研。湖南省为了增强青少年的身体素质，使后备人才体质得到增强，制定了《湖南省关于深化体教融合促进青少年健康发展实施办法》，修订了《湖南省体育后备人才培养条例》，使体教融合和体育后备人才培养工作得到推进，让青少年体育活动促进计划、打造青少年体育活动品牌得到落实。湖南省保持国家级体育后备人才基地 0～4 个，省级体育传统项学校逐年增加，青少年体育组织在县市区的创建率在 70% 以上，每市州至少有一所体育运动学校，县市区业余体校覆盖率达到 50%。

二、湖南省全民健身基础设施建设

《湖南省全民健身实施计划（2016—2020 年）实施效果评估报告》显示，2019 年，湖南省人均体育场地面积为 1.68 平方米，低于全国平均水平，"去哪里健身"是一个难题。

通过公共设施立项等提高人均场地面积是基本举措。"十三五"以来，湖南省已经投入 6 亿多元，包括公共体育场、跑步道、公共健身器材等的完善，也制定了相应的制度。除此之外，"十四五"规划明确加大资金和政策的投入力度。"十四五"规划包括公共体育场、社区体育中心等的建设，总投资超 100 亿元。修建的潇湘健身步道是解决"去哪里健身"问题的抓手。现存的问题是，现有的场馆开放能力和开放时间仍有限，仅仅满足一部分人的日常活动。但开放是必然过程，政府需要尽可能地创造条件开放。部分市县在体彩公益金中存在截留现象，这需要加强监管。"体育 + 旅游"已成为潮流。"体育 + 旅游 + 文化"融合发展方面，体育旅游项目 184个，投资达 1070 亿元，占文旅投资的 15%。湖南省将强化项目带动，积极培育汨罗江龙舟赛等赛事，将登山等作为重要方向，加强旅游示范区配套建设。

湖南省的少数民族人口有 700 多万，占总人口的 10%。促进少数民族传统体育发展是"十四五"少数民族事业发展规划，必须落实少数民族传统体育的基地建设，定期举办民族体育赛事，加大培养体育人才的力度，促进民族体育普及和推广。教育行政部门将加强指导，把"课后一小时锻炼"要求纳入督导范畴，督促学校体育活动的举办。进一步推动全民健身事业发展，努力建设与湖南高质

量发展相适应的服务体系。要切实提高对全民健身工作的认识，抓好法律法规落实，完善设施，发展湖南模式，抓好问题整改，推动工作向纵深发展，不断增强人民幸福感。①另外，通过开展"健康中国湖南行"、急救技能知识问答等，倡导健康理念。未来，还将构建健康服务体系，推动健康服务落实。

三、湖南省全民健身圈建设

湖南省在全民健身方面正在着力构建乡镇、街道、行政村和县市区多级全民健身设施网络的建设，同时还在提高城市社区的健身质量，努力打造 15 分钟健身圈，建设农村社区半个小时以内的健身圈，努力使湖南省人均体育场地面积达到 2.6 平方米。湖南省将深入贯彻落实全民健身国家战略，全面推动健康湖南的建设，促进湖南省在全民健身事业方面取得高质量发展。②全民健身的发展目标在于使群众身体素质逐步提高，人们的免疫力逐步得到提升，经常参加锻炼的人群占到整体人群的 40% 以上，符合《国民体质测定标准》合格以上人数的比例要高于 93%，每 1000 人拥有社会指导员的人数要多于 2.16 人。

到 2025 年，人民群众的体育健康意识与健康水平将进一步提升，全民健身的公共服务体系将进一步完善，形成"全人群受益、全方位推进与全社会参与"的具有新时代特征和湖南特色的全民健身发展新气象。湖南省将进一步增加健身场地设施的有效供给，开展湖南省体育设施的排查和建设，制订全民健身多年行动计划，建

---

① 谭敏．"长株潭"城市圈公共体育场馆利用状况与发展对策的研究 [D]．武汉：武汉体育学院，2011．

② 袁卓，常娟．湖湘体育特色小镇经济可持续发展研究：以湖南浏阳沙市镇为例[J]．文体用品与科技，2019(1)：85-86．

设一批体育公园、全民健身中心、公共体育中心、标准的田径跑道以及标准的足球场、社会足球场、户外运动公共服务设施，以及健身绿道等基础设施，支持社会力量参与基础设施的建设、改造及运营。

四、湖南省全民健身促进全民健康活动开展情况

目前，湖南省经常参加体育锻炼的人数占总人数的 29.6%，随着体育锻炼和生活方式的改变，人们的体质普遍增强，平均寿命已达到 73.6 岁，比中华人民共和国成立前提高 1 倍多。究其原因，与人们的健身息息相关，如形式多样、种类繁多的全民体育运动会、湖南农民运动会具有浓郁的地方特色，健身、表演活动充满民族特色，都吸引着人们加入健身休闲体育的活动队伍。

湖南省通过各种创新公益健身和互联网模式整合的资源优势，着力推进智慧社区的建设，落实新建居民小区与社会公共体育配套设施，室内人均建筑面积不低于 0.1 平方米，人均用地不低于 0.3 平方米的基本标准，确保全民健身设施与住宅主体工程建设同步进行，同步施工，同步验收，同步使用。到 2025 年，分步完成 2.4 万千米的潇湘健身步道建设，新建或改建 54 个体育特色公园，80% 以上的县市区有一定规模的全民健身中心。为打造全民健身品牌，湖南省将不断丰富大众健身的项目，每四年举办一届大众体育运动会，吸引大量普通群众的参与。活动形式以群众性体育活动为主，有乒乓球、羽毛球、篮球、跳绳、象棋、登山、体操、围棋这些普及性项目，还有武术、健身秧歌、拔河、舞龙舞狮、健美、体育舞蹈等民众喜闻乐见的项目。这些项目不仅使健身效果明显，而且具备趣味性和观赏性，真正体现了运动会的大众化，提高了全民参与度。农

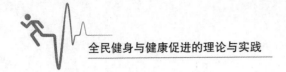

民运动会也是四年举行一次，包括田径、中国象棋、舞龙、舞狮、羽毛球、秧歌、龙舟、游泳、乒乓球和篮球等 10 个大项和 70 多个小项，也吸引了人们的广泛参与。同时，湖南独具特色的千艘龙舟闹三湘、"全民健身周（日）活动"、五十万人健身大展示、十万人体质大检测、百万群众接力跑、"全民健身展示大会"、"社区运动会"、"机关运动会"及四年一届的残疾人运动会、少数民族传统体育运动会等都得到了广泛开展，这些都是规模大、参与性强、人数广、示范性强的健身休闲体育活动，都得到了广泛的响应。这些活动提高了群众的健身意识，吸引了大量群众参与到健身休闲体育活动中来，对增强健康体质发挥了积极作用。大力开展广播体操、健身走、登山、游泳、球类、广场舞、骑行等健身活动，积极推进轮滑、皮划艇、电子竞技、赛车等休闲竞技运动项目，大力扶持太极拳、武术、舞龙舞狮、龙舟等带有民间民俗特色的传统项目，办好少数民族传统体育运动会以及民间传统单项赛事，大力开展社区健身活动，办好社区的趣味运动会，实施群众冬季运动推广普及计划，推动湖南百万青少年积极参加冰雪项目，推进"互联网+"全民健身活动的开展，大力推广全民健身网络赛事活动以及居家健身活动。

另外，还可持续打造全民健身赛事活动品牌，办好"健康湖南"全民运动会、"巅峰湖南六大名山登山赛"、"走红军走过的路·徒步穿越"等一系列赛事，开展湖南传统龙舟赛、中国户外健身休闲大会、中国健身跑等大型群体健身赛事，打造 10 个以上具有湖南特色的省级全民健身活动品牌，不断培育湖湘体育名片。湖南省将以促进全民健身和体育消费为目标，大力打造体育竞赛表演、健身休闲、智能运动、体育用品、服务与制造、运动培训、体育彩票等 7 个基本产业发展项目。将户外运动休闲设施、全民健身中心、商业空间等作为基本载体，整合健康、体育、旅游、文化、休闲、商业、娱乐等功能，打造体育服务的综合体和体育消费的聚集区，培育运动产业市场的主体，不断发挥运动产业龙头企业的示范与引领作用，推动形成一批运动产业示范区、示范项目以及示范主体，扩大运动消费市场，积极发放运动消费券，支持体育场馆以优惠的价格向广大人民群众提供体育健身的培训与服务，加快推进国家运动消费试点城市的构建，支持长沙市建设国家运动消费试点的领头城市，不断创新市场模式，撬动各种社会资源，促进全民健身的不断发展。

　　近年来，湖南各地高度重视全民健身的发展。以益阳市为例，益阳市深入实施全民健身国家战略和健康中国行动，努力促进青少年体育事业、群众体育事业以及残疾人体育事业的发展，不断推动"体育强市"的建设。益阳市先后培养了多位奥运会冠军，他们在各项运动项目中先后夺得了106项世界冠军、105项全运会冠军。益阳市被誉为"羽毛球之乡""世界冠军的摇篮"等。与此同时，益阳还加快了"运动益阳"的建设，举办新能源汽车拉力锦标赛、洞庭湖水上运动节、北斗智慧定向越野赛等一系列具有益阳特色的运动赛事品牌，打造运动与休闲相融合的"一县一品"品牌建设，不断推动广场舞与群体文化活动的开展。益阳市连续举办了21届大众体育运动会，成为湖南省全民健身工作的品牌赛事。在湖南省体育局的支持下，全民健身模范城市的创建工作不断推进，取得了成效。城市健身服务体系也正在不断健全，社区健身设施的覆盖率达到100%，社会指导员的规模超过万人。

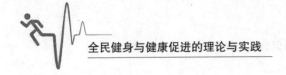
第三节　湖南省全民健身促进全民健康发展路径

一、落实湖南省"三高四新"战略及使命

以习近平新时代中国特色社会主义思想作为指导，坚持以人民为中心，落实湖南省"三高四新"战略定位及其使命与任务，不断推进体育强省的建设，强化全民健身与全民健康的融合，构建更高水平的全民健身公共服务系统，满足人民群众日益增长的多样化公共健身服务的需求，为全面建设社会主义新湖南贡献力量与智慧。①

实施全民健身设施建设补短板行动计划，不断增强场地设施的供给能力。首先要增加健身场地设施的供给能力，开展湖南省体育健身场地的数量调查，制定全民健身设施建设补短板五年的具体行动规划。要建设一批全民健身中心、体育特色公园、公共体育场、标准的田径场以及标准的足球场地和社会足球场地，完善公共运动服务设施及其维护体系，支持社会力量参与到公共体育场地设施的建造与维护中，不断创新互联网与公益健身融合模式发展，推进智慧社区健身中心的构建和落地，确保全民健身设施与建筑主体工程同步施工和验收。

---

① 袁建涛. 用创新推动实施湖南"三高四新"战略 [J]. 湖南行政学院学报，2021(3): 124-130.

二、新建和改造健身基础设施

根据体育场馆普查结果，湖南省的体育场馆存在设施种类少、质量差且分布不均衡的现状。人民爱运动的社会风气还不够浓厚，对体育设施的需求不高。经济发展水平低于发达地区，打工人生活压力大，工作时间长，没有时间和心思去运动。同时，关于全面健身方面的政策不够，公共体育设施的投入不足。很多人受"躺平"的懒惰心理影响，对运动提不起热情，对体育设施需求少。

要提高健身场地设施的利用率，进一步推进公共体育场馆免费或者低收费向社会大众开放，努力构建中小型体育场馆免费或低收费开放的补助运营制度，推进公共体育场馆信息化的建设，探索符合对外开放条件的学校体育场馆运营模式，尝试学校体育场馆在安全的前提下向社会开放的运营模式。全面推进全民健身设施建设工程和县品江湖山道创建计划等，按照《湖南体育强省建设规划（2020—2030年）》提出的到2030年湖南省经常参加体育锻炼人数比例达到40%、构建"15分钟健身圈"、人均体育场地面积达到2.6平方米以上、建设6万千米潇湘健身步道等目标任务要求，坚持抓重点、补短板、强弱项，发展全民健身湖南模式，促进全民健身工作常态化发展，实现全民健身与全民健康深度融合。

三、健全全民健身社会组织网络

重点加强基层组织建设，鼓励基层文化体育组织依规进行备案，优先发展群众广泛参与的单项和综合性体育类组织，鼓励体育类社会组织到城乡社区普及体育项目，建设城乡社区群众自发性的体育锻炼组织和全民健身站点，大力推进各级体育总会的建设，推动体育总会向乡镇一带不断扩展，壮大青少年体育俱乐部、社区健身团

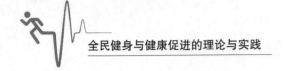

队、社区体育俱乐部、基层体育协会等组织的规模，不断激发体育类社会组织的活力，加大政府购买体育社会组织的力度，鼓励和支持体育类社会组织参与承接购买全民健身公共服务，不断扶持体育类社会组织的规模和组织建设。

四、强化全民健身科学健身指导

提升全民健身指导科学化水平，不断开展科学健身普及活动，开设科学健身大讲堂，组织实施技能培训、知识讲座等体育服务进家庭、进机关、进社区、进农村等大型公共体育服务活动。大力推进居家健身计划，积极倡导线上与线下融合健身计划，落实以"健康湖南"行动中全民健身为基本的行动方略，发挥湖南省健康科普专家库中专家的智力支持和指导能力，加强科学健身方法和知识的普及与提升，开展常态化的体质健康监测，不断完善面向大众、功能完备的国民体质监测网络。将国民体质纳入健康体检范围，大力推行国家体育锻炼标准，构建系统化、层次化、规范化的国家体育锻炼标准和检测活动体系，不断推进全民健身活动的调查，不断推进全民健身服务团队的构建，不断完善湖南省社会体育指导员管理系统的构建，创新社会体育指导员登记制度、分级管理制度和培训模式，提高健身指导的专业化层次和水平。加强全民健身志愿者组织和培训工作，打造全民健身志愿服务的特色品牌。

首先，群众应该主动树立健康的基本理念，群众的体育参与意识需要提升，体育参与的质量也需要加强。在提升全民健康的过程中，政府需要提高全民健身活动质量和活动频率，积极倡导各种形式的健康促进理念，有利于传递科学的健身理念和知识，提升大众疾病防控的意识与水平，提高人民大众对体育治疗未发生疾病的认知能力。

其次，政府需要发挥各级体育组织及工会的引领作用，加大公益宣传的力度，开展科学健身指导，普及智能科学健身，同时引导全民将以治疗为主的理念转变为预防和治疗相结合的健康管理理念。最终目标是把健康的理念转变为人们经常锻炼的常规化意识。政府需要加强各个部门之间的协调和管理，部门的协同管理和各种形式的合作是体医融合的关键步骤。各部门要推动健康关口的前移，不断加强体育与卫生健康等各个部门的合作和交流，逐步构建全社会共同参与的运动健康新模式。

五、发展全民健身多元化价值

推进全民健身创新融合发展。首先是推进体育与教育的融合，严格执行《国家学生体质健康标准》，把学生的体质健康水平纳入学校的考核体系，完善"一校多品""一校一品"的体育教育方式，整合原来体育传统项目学校和体育特色学校，建设体育传统特色学校，探索建立学校与社会俱乐部沟通合作的机制，加强教练员队伍的建设和体育后备人才基地的建设。加大体校和高校高水平运动队的建设力度，积极开展全运冠军、奥运冠军进校园活动，使其充分发挥带头作用和示范引领作用，分批、有计划地走进校园，与青少年进行交流，鼓励广大青少年积极参与各项体育运动。

湖南省在 2022 年大力开展各种全民健身活动。以湘潭县为例，湘潭县文化旅游广电体育局组织全县开展全民健身活动，他们在体育健身活动中解放思想、勇敢创新，走出了湘潭县全民健身创新路。湘潭县将 2022 年作为全民健身年，在近几年的活动中，湘潭县高度重视各种全民健身运动，他们先后举办了 2019 年的中国农民丰收节系列锻炼活动、全民健身篮球杯，还举办了湘潭千里湘江第一湾自

行车邀请赛以及越野跑等活动。

目前，湘潭县已经成立了武术、自行车、篮球、广场舞、羽毛球、乒乓球等体育行业的协会，共 19 个。湘潭县在 2021 年被国家体育总局评为全国群众体育先进单位，被湘潭市政府评为 2017—2020 年全市全民健身先进单位。湘潭县还广泛开展各种形式的太极拳和广场舞活动，专门专题研究探讨湘潭县全民健身和体育赛事的系列运行方案。2022 年，湘潭县将以第二届健康湖南全民运动会为突破口，于 3—5 月举行第二届湖南全民运动会湘潭县海选赛。项目设置非常广泛，包含了羽毛球、乒乓球、拔河、篮球、太极拳、广场、气舞、排球、柔力球等项目。湘潭县还举办了第四届湖南省农耕大赛，鼓励各种社会力量和实体举办与承接各种形式的全民健身活动。在政府的引领下，群众的积极性被广泛调动。

六、深化体育与卫生融合和合作

之前，体育和医疗、卫生各自有负责的领域，直到"健康中国 2030"的提出，越来越多的人关注到体卫融合，但其涉及的体育、卫生领域相融合的相关法律、法规体系未得到及时建设，协同立法缺乏，体卫融合没有法律的依托，无法真正实现有法可依。由于缺乏政策引领，体卫融合无法真正得到实施，这也是限制体卫融合发展的主要原因。

体育与卫生的融合和合作，首先要将运动健身指导纳入社区卫生服务体系，建立和完善运动处方库，不断创新疾病管理与健康服务的模式，大力发展运动医学和康复医学的融合，鼓励社会资本开办体质测定机构建设；鼓励城市社区健身指导站与社区医疗机构合作开展综合服务；鼓励有条件的医院探索开展健身与运动管理咨询等有关服务工作，发挥科学健身在健康促进以及各种疾病预防和治疗中的价值。其次要加强体育与旅游的融合，打造有影响力、有品牌价值的体育旅游路线、精品赛事和示范基地，推动航空飞行基地、自驾游、房车营地、运动船艇码头等体育旅游设施的建设和维护。突出以红色体育旅游示范区的建设为引领，全力推进张家界市体育旅游示范城市的构建和验收工作。最后要强化数字赋能体育的进程。要加快数字体育的建设，充分利用湖南省体育公共服务平台，建立基于大数据分析的全民健身公共服务体系，加快互联网在全民健身领域的应用，不断推进体育资源的数字化进程，积极建设智慧化场馆，大力发展网络健身课程体系，不断推进线上品牌赛事的开展，扩大群众体育的覆盖面，推进群众体育开展的深度和广度。

大力推进社区医疗卫生机构参与到社区体育公共服务中来，试点设立运动健康的专项门诊，开展运动康复医学的慢性运动干预，这可以有效促进全民健身活动的开展。在推广运动处方和运动咨询服务中，可以创新性地开展各种形式的健康促进活动。全民健身活动的开展需要完善临床、预防、康复"三位一体"的卫生服务系统化建设，健康促进还需扩大基本医疗保险的覆盖人群，将体医融合和科学化体育锻炼纳入基本医疗保险项目。在创新复合型人才培养过程中，应加快互联网与医疗健康服务的融合式发展，需要重点解决体育类专家不懂医学和医学类专家不懂体育的问题。

在全民健身实践中，应该建立与体育融合相关的职业资格认证体系。在全民健身过程中，要加强常规化志愿服务队伍的构建和志愿服务队伍的思想动员工作。在全民健身过程中，需要促进中医药的传承、创新与实践，深入挖掘健身、太极拳、武术、空足、韵律

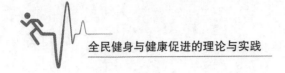

球等传统项目在养生康复和健身等方面的独有价值。在拓展公共体育空间中，可积极发展健身休闲运动。通过增强群众投资健康的意愿，可以拉动各种形式的健身体育消费。在体育健身过程中，可以对休闲产业供给侧进行结构性改革，促进各种资源优化和重组。还可以依托湖南的本土优势元素，加大休闲、康复、服务、用品、培训和旅游等优势集群的产业化整合力度，打造一批有竞争力的健身服务品牌。

我国有大量的体育、医疗人才，但两者之间的人才培养缺乏合作，复合型体医结合人才短缺。体育院系虽然开设有体育保健、体育疗养、运动医学等课程，学生具备一定的体育技能和运动康复理论知识，但缺乏科学的指导，并且临床医学的实践能力欠缺。医学类院校主要培养专业医护人才，而他们缺少运动专业知识和运动技能。这些都导致了这些人才不能胜任复合型体医结合工作。目前，针对体育和医学院校人才培养相融合提出了更新、更高的要求，应结合社会发展的需要，调整课程设置，解决复合型人才短缺的问题。

七、推动重点人群健身活动常规化

突出全民健身发展的重点内容，推动重点人群健身活动开展的常规化。青少年是祖国的花朵，是民族未来的希望。然而，在我国经济迅速发展的同时，与之背道而驰的是国民体质尤其是青少年体质下滑趋势明显，肥胖和近视等呈上升趋势。国家全民健身工程以增强青少年体质为己任，以学校体育作为突破口，重点发展青少年体育，大力实施青少年体育运动的发展计划，建立分学段、跨区域的青少年体育赛事管理体系，支持学校结合实际开展三大球以及乒乓球、网球、羽毛球、武术、街舞等运动项目，确保学生每天在校内外各一小时的运动时间，推进青少年体育健康工程顺利开展，开展针对青少年肥胖和近视等突出问题的干预及科学普及。

完善老年人的体育健身保障系统，统筹规划建设公益性老年人的体育设施，加强社区养老服务与社区体育设施的对接和融合，提升各类养老机构服务水平，支持社区开发老年健身活动的竞技项目，办好湖南省老年人体育运动会。

我国的残疾人数量庞大，残疾人体育在社会中还处于被忽视的状态。发展残疾人体育有利于促进残疾人身心健康发展；有利于其缓解身体伤痛，实现身体康复；有利于其培养坚强的意志和健康的心态。因此，在残疾人中开展体育运动对提升这一特殊群体的社会适应能力十分关键。实施助残体育健身工程，开展残疾人和运动赛事活动，办好残疾人体育运动会，普及残疾人运动健身的常识和注意事项，改善各类公共体育设施的无障碍通行条件，建设残疾人专用的体育锻炼设施和器材，加快培养为残疾人服务的师资力量和社会体育指导员，开发适合残疾人身心特点的体育经济项目。

加强少数民族传统体育工作，不断统筹建设适合开展少数民族传统体育项目的场地与设施，创新发展有群众基础的少数民族传统体育运动项目，不断发挥少数民族传统体育项目的体育健身效果和群众的积极性，积极办好少数民族传统运动赛事，加强少数民族传统运动基地的构建与维护。

八、配备专门体育项目指导员

体育指导员的培养和服务购买机制的建立，是实现社会体育健身智能服务的关键步骤。在全民健身过程中，要实现全民健身的分类指导，才能有效地提高全民健身公共服务体系的构建质量，实现

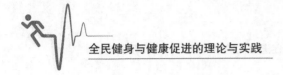
对不同人群分类和个体化差异性指导，能够提高体育健身的指导质量，从而建立高效的体育健身和公共服务体系。

体育指导员的培养还必须有相应的资金支持，通过购买服务或者政府支持的方式，能够将制度落实到位。政府职能部门应该根据老百姓的需求，加大各类体育指导员的培训力度，支持和鼓励社会力量参与全民健身体系的构建和服务体系的建设。政府可以推动多形式、多元化的全民健身人才培养体系构建，同时制定相关政策保障体育指导员的基本权益。

社区可以通过购买体育指导员的服务提高社区的全民健身服务质量。在构建以需求为导向的政府购买体育指导员服务的过程中，把有限的政府购买资源真正用到老百姓的实际全民健身需求中，这是惠民、得民心的大工程。在全民健身体系的构建中，政府主导、社会参与、老百姓积极参与的多元监管机制，是真正形成全民健身有效服务体系的关键。

建立体医融合的运动健康新模式，可以有效地提高人民健康的整体质量。体育锻炼的目的是预防疾病和强身健体，或通过运动辅助治疗、恢复健康。

因此，构建体医融合的体育锻炼促进模式，有利于全民健身的整体服务质量的提升。在体医融合的服务体系中，可以加强对慢性病患者和亚健康患者的防卫病知识的宣传，并采取远程医疗监控和智慧体育相结合的形式，进行指导和服务。体育与卫生教育部门协同培养体育综合能力的高素质人才，是构建全民健身服务体系的重要内容。体育与医疗部门协同运行的机制是创新的重要维度，创设虚拟仿真协作与信息沟通的平台，引导广大人民群众积极参与各项全民健身的竞赛活动和锻炼活动，通过这种形式有效地提高人民的健康水平。全民健身服务质量的提升，还需要构建多维发力的宣传联动机制，切实提高人民群众的健身热情和意识。

　　不断推动农民的健身运动工作，实施农民体育健身工程，不断规划和统筹建设农村体育场地设施，不断规划农民群众喜闻乐见的健身项目，办好农民丰收节、运动健身赛事，促进农民体育与旅游休闲农业的融合发展，不断促进乡村振兴。

　　实施关爱健身行动，广泛开展适合学龄前儿童与妇女的健身运动项目，倡导妇女与家庭成员积极参与运动健身。以社区公共体育机构和用工单位为实施主体，加强农民工公共体育服务，不断鼓励开展具有农业特色的趣味运动会，助力促进农民工市民化发展，推进职工体育运动健身不断发展，积极推广《国家体育锻炼标准》，开展达标测试和职工体质健康测定活动，建立和完善职工健康管理的网络平台，积极举办各级体育协会和各级工会与企事业单位的职工运动会和单项比赛。另外，全民健康还需要从多维度进行发力，如食品安全问题。要加大对在食品中添加有毒、有害物质的生产厂家的处罚力度，确保从源头上铲除危害人民健康的毒瘤。

　　另外，全民健身还需要培养大量的体育健身指导员，这些体育健身指导员需要无偿为广大人民群众进行体育技能培训，从多个维度提高人们的体育技能，让大部分民众拥有比较擅长的体育项目和体育竞技能力，不管是从心理层面、智力层面，还是体能上、战术上、技能上，都有认知和技能储备。体育健身指导员需要有传授体育技能和训练方法的能力，这都需要长时间的规划和储备。运动健身，强身健体是体育的本质，体育竞技说到底是为大众健身服务。真正的竞技体育只有极少人参加，通过精彩纷呈的赛事表演带动人民的体育锻炼热情才是目的。真正大规模的体育锻炼都是全民健身

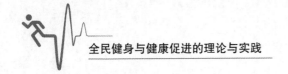

的人群，而体育健身是促进人们获得健康体魄最重要的推动力，因此，必须从各个维度提高全民健身的热情。

九、培育大众健身锻炼的自觉意识

构建全民健身和全民健康的发展体系，不是为了约束民众，而是引导人民形成全民健身和全民健康的意识，这样才能促使人们自主、自觉锻炼，有效改善我国民众特别是工薪阶层存在的亚健康问题，使治疗疾病转向预防疾病。因此，人民的健康意识影响着社会的发展，而全民健身和全民健康进行深度融合，不仅能促进健身制度和健康制度的完善，也能在一定程度上促进健康中国战略计划的实现，从而使人们受到良好的健康和健身氛围影响，促进人们健康意识的形成。政府和社会要加强合作，积极开展全民健身活动。例如，广场舞、慢跑、游泳都属于健康的有氧活动，群众的健身意识可以在锻炼过程中不断增强，从而使全民健身与全民健康深度融合。

湖南省全民健身的开展需要从多个维度发力，首先是思想层面的动员，要让全民形成健身锻炼的习惯和意识，让全体民众从内心深处认识到体育健身对自身健康的益处。其次是基本设施的保障，政府部门应该多方筹措资金，确保全民拥有足够安全的锻炼场地。最后是从法治的维度出发，政府应该在全民健身方面进行立法，确保全民健身的赛事和常规化活动得到保障。

党的十九届五中全会指出，到 2035 年要促成中国健康目标的基本实现。在"十四五"时期，我国要紧紧围绕体育强国和健康中国的建设目标，从多个维度发力，推动全民健身与全民健康的高度融合。

政府应该加强管理，建立各个部门之间的联动合作管理机制，将体医融合的工作纳入各个政府管理职能部门的日常管理工作，加强政府公共服务职责的履行，加大全民健身的投入力度，引领各个部门间的融合式发展。还可以支持各种形式的社会力量参与到全民健身中来，综合运用政府的资金支持和政策引导，促进全民健身体系的建设。最终目标是建立多个领域之间的协同，建立执法和立法全方位共同治理的长效性机制与体系。

十、打造具有湖南特色的健身活动品牌

通过打造具有湖南特色的健身活动品牌，推动全民健身活动的广泛化、制度化发展；通过强化运动项目的特色化，带动打造一批国家旅游精品路线，推动体育健身活动的常规化开展。体育健身活动部门还可以开拓居家健身产品的市场，搭建健身服务平台，促进老百姓的日常化健身。通过推动全民健身的智慧化趋势，促进全民健身智慧化基础数据的收集与整合，开发出国民体质健康大数据的应用。政府部门还可以打造体育产业集团的系统化应用。

通过湖南本土文化元素和民俗文化元素的整合，对文体旅游的优势元素进行重新整合，创造出符合湖南本土化运作和运营的文体旅游路线和特有品牌。通过示范效应的运用带动全民健身。可以通过积极推广课后一小时的体育锻炼形式，完善学生的体质健康监测系统，从而推动全民健身与全民健康理念的深度融合。还可以加快全民健身中心、体育公园、城市体育中心的建设，不断提升人均拥有体育场地和设施的单位量，进一步加大公共体育设施的开放力度，发挥国家和政府在示范性健身品牌和工程当中的引领作用，着实解决老百姓"去哪里健身"的难题。通过打造湘江健身走廊，建设洞庭湖健身圈，提升城市间全民健身的横向化开发和带动能力。通过

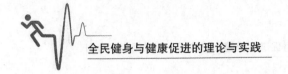

促进优质资源与体育资源的合理再分配，开展体育健康的精准扶贫工作，打造旅游、商业、研究、养老、医疗一体化的医疗大数据平台，形成产业高地和示范区，这可以加快构建可复制、可传承、可推广，以健康为引领的社区健康管理新体系。

我国已经成功地举办了冬奥会，北京成为首个双奥之城。我国完全可以以北京冬奥会为契机，把竞技体育搞得更好，与此同时，体育强国的建设需要大力发展群众体育，把全民健身的质量提到一个新的高度。湖南省要想建设体育强省，需要构建更高水平的全民健身公共服务体系，建立通过运动形式促进健康的社会发展模式。自"十三五"建设以来，湖南省深入贯彻实施全民健身的基本国家战略，全民健身的服务质量和水平有了提升，但是全民健身场地的设施还没有得到很大改善，这与人民群众日益增长的健身需求不协调。我国依靠公共体育服务体系和体医融合治疗和预防疾病的长效机制还没有完全建立，智慧化的体育运动和政府引导的协同机制还处于构建阶段。

"十四五"时期是把全民健身国家战略落实到人民群众生活当中的一个攻坚期。湖南省应该坚持以人民为中心，大力推动全民健身高质量、高效发展。要提高全民健身的质量，就必须加强体育场馆的建设，积极开展智慧体育活动，以满足全民健身的基本需求。充足的体育器械和场馆是保证全民健身高质量发展的物质基础，积极开展各种形式的智慧体育活动是进一步提升全民健身质量的重要方式和方法。要通过各种形式加强社区智慧化运动场馆、健身公园、健身步道、健身路径以及健身之角等的建设，加大对经济落后地区全民健身的扶持，努力让每一项利民和惠民措施得到普及，是提高全民健身质量的关键步骤。加强长沙湘江欢乐城欢乐雪域、社区溜冰场、高校专业真冰场等基础设施的建设，可以让长沙市民和全国游客享受冰雪给人带来的乐趣。积极推动"湖南百万人上冰活动"，可以推动冰雪项目在人民群众当中的普及程度。

鼓励湖南省高校向社会免费或低收费开放体育场馆，是实现资源优化的重要步骤。推进政府出资、社区出场地、企业参与共同建设社区健身中心。加强智慧体育联盟服务平台和体质健康智慧测试平台的构建，是基本的建设方略与体质能相匹配的运动处方，监督平台的建设是基础平台重要的配备方式。在平台建设中还必须完善测试、预约、监督、报警等全方位的健身服务公共服务平台，积极组织开展线上线下相结合的智慧健身与云竞赛活动。体育健身活动是推动全民健身活动走向高潮的关键步骤，开发在网上进行的体育竞赛活动，并颁发相应的电子证书，可以有效地吸引广大人民群众参与各种形式的体育健身活动。

为推进湖南体育强省的战略实施，湖南省出台了多个法律法规，以推动和加强舆论的宣传与政策的引导。湖南省以冬奥会为契机，整合湖南省各类媒体以及新兴媒体的舆论宣传力量，以线上和线下相结合的形式，推出人民群众喜闻乐见的竞赛活动和宣传专题，助力广大人民群众进一步将健身的理念内化于心，外化于行。另外，可以对道德模范、科学家、五一劳动奖章获得者、体育明星、健身明星等进行多维度的活动宣传，引导广大人民群众向正能量的方向发展，并形成终身体育锻炼的意识。湖南体育文化新媒体的报道平台可以由社区、政府、社会、公众协同创建，并开展多种维度的合作，着力提高人民群众参与锻炼的热情和实效。通过体育宣传的形式，让社会形成积极锻炼的氛围。

打造一批属于湖南省的知名体育品牌，积极引进国内外知名的

体育文化产业，通过举办大型比赛、博览会等，发展一批体育用品及相关产业的研发制造企业，提高产业规模、提升科技水平、加强产品质量，形成可以辐射全国的先进产业园区，提升体育产业的基础能力和产业链的现代化、智能化水平。

十一、拓展培养模式

加强全民健身公共服务人才供给。提升社会体育指导员职业地位，完善就业途径，提高薪资待遇，吸引更多人加入体育行业。提升专业体育院校办学质量，为国家和社会持续培养"一专多能"的复合型体育人才。湖南省于 2008 年 1 月成立体育行业特有职业资格鉴定站，按照国家体育总局制定的体育行业职业技能标准、培训大纲和教材，对全省经营性体育行业从业人员进行培训和职业技能鉴定工作，并组织体育行业特有工种职业技能鉴定的考评员参加国家体育总局的职业技能培训与考核，以及全省体育行业特有工种的职业社会体育指导员培训与鉴定工作。体医融合人才短缺，具备康复、医疗专业知识和运动专业知识、运动技能的人才少之又少，因此，需要对复合型的体育医疗人才加强培训，有利于提升全民健身效果。

第四节　湖南省全民健身促进全民健康的保障措施

一、加强全民健身活动宣传和积极性引导，营造良好的健身氛围

湖南省的体育宣传主要集中在体育赛事上，内容相对单一，只关注竞技体育。体育宣传要达到平衡，需要加大群众体育的宣传力度：着重宣传推进和建设体育强省、强市、强县的先进人物和事件等，向社会全面展示体育建设的进程和成效，激发人民群众的运动热情，进一步营造体育发展的良好氛围；发布优秀运动员的成长历程，邀请湖南籍的冠军分享夺冠心路历程，宣传要做到有穿透力、有思想、有内涵、多样化。体育传媒在全民健身活动的开展过程中起着宣传和积极引导的作用。宣传是促进全民健身活动发展的重要手段，积极的宣传可以让民众全面、系统地了解全民健身的计划和活动的观念，调动广大居民参加各种体育健身活动的积极性，促使居民认识体育锻炼的重要性及价值，了解体育锻炼的原理，掌握体育锻炼的内容和具体方法，提高体育锻炼的科学性。

目前，湖南省全民健身路径活动的宣传力度还有待提升，健身路径系统中不同层次的部门要结合自身的特点，充分发挥自身优势，采取合适的方式，加大全民健身路径的宣传工作。要做到扩大宣传，首先，体育各级行政部门应根据自身情况，制定宣传方案；其次，开拓宣传途径，如可以利用网络、现代设备等平台对全民健身活动进行宣传；最后，各体育社团与单位要配合，开展各种与健身

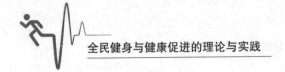

相关的活动，传播科学的锻炼方法，扩大全民健身在群众中的影响力，提高人们对健身的兴趣，如邵阳市政府和体育局相关部门针对不同的健身群体，采用不同的宣传方式，建立邵阳市全民健身活动的宣传体系。针对青少年，利用网络媒体，以小视频的形式对他们进行宣传；对中年人以传单、小区广播等方式进行宣传；对老年人则以现场教育和讲座等方法进行宣传。近年来，在邵阳市全民健身中心的主持下，邵阳市区的全民健身活动开展得如火如荼。近几年，邵阳市利用社会赞助和自筹资金的方式，每年都举行篮球、排球和"全民健身日"等比赛和活动。

二、完善全民健身活动与社会协同机制

其一，协调有关部门，抓好全民健身任务的落实，完善土地规划的相关政策，将体育场地纳入空间规划，合理保障体育设施和相关建筑的用地。其二，加强体育的法治建设相关工作，完善全民健身执法体系，依法强化体育部门监督检查职能，加强全民健身与社区文化卫生等相关制度建设的协调安排。其三，加大资金的投入力度。调查显示，居民参加健身活动的场所以免费的公园为主，健身方式以散步或跑步为主，参加健身活动的场所和健身方式较为单一，需增加体育场馆设施或器材，使健身活动形式更加多样。加大对全民健身事业的投入力度，健全全民健身机制，探索政府采购、消费补贴等灵活多样的保障机制，拓宽资金投入的多元化渠道。其四，加强人才培养，创新全民健身人才培养方式，拓宽人才获得渠道，推动高校开设全民健身锻炼课程体系，加强组织管理与科技研发，加强志愿者服务等。其五，在疫情防控常态化的同时，借助自媒体等网络平台，尽快形成线上推广体系，建立一套完整的线上推广流

程，要突出线上健身在特殊时期的作用和价值，引导健身爱好者形成线上锻炼的意识，同时提高民众锻炼的积极性和热情。

三、积极办好各种体育赛事

积极办好民族传统体育赛事，加强少数民族体育基地的建设。少数民族地区要有一定数量的传统体育项目指导员，对项目进行推广和培训，推动农民健身工作的积极开展。民族传统体育赛事生于民间、长于民间，具有广泛的群众基础。民族传统体育源于人们对生活的再现和创造，在现代社会中，"人的需求"和"人本精神"开始显现。人们在进行体育活动时，不仅有强身健体的诉求，更希望将体育活动变成一种能够结识志同道合的朋友，陶冶情操、颐养精神和获得愉悦体验的生活方式。在这样的背景下，民族传统体育更展现出其"接地气"、参与度高、极具地域认可性的优点。

许多民族传统体育简便易操作，在场地有限、器材紧缺、体育经费有限的地区也能活跃其中。实施农民健身工程，科学规划场地设施，积极规划举办农民群众广泛参与和感兴趣的赛事，办好丰收节体育运动会，促进农民体育与休闲农业、乡村旅游的融合交互发展，大力推进乡村振兴。实施关爱健身行动，广泛开展适合学龄前儿童和妇女的健身体育活动，倡导妇女和家庭成员积极参加各种形式的体育锻炼。以公共体育机构、用工单位和社区为实施的主体和载体，加强农民工公共体育服务等数量和质量的提升，鼓励和支持开展具有农民和农村特色的竞技运动，推进职工体育运动和竞赛的发展，积极推广《国家体育锻炼标准》的测试和达标活动。建立和完善职工健康管理平台，充分发挥各类职工体育协会的作用，鼓励企事业单位、机关、社区和社会组织举办多种形式的职工运动会和竞技运动比赛。

四、加大社会体育指导员队伍建设

科学的指导是全民健身活动过程中预防运动损伤的重要手段。社会体育指导员作为全民健身活动中一支特别的队伍，有着特别的作用，他们既是基层群众体育活动的组织者，又是科学健身的宣传者和指导者。发挥这部分人的作用，科学的健身指导就会有更加强大的力量。

健身路径的充分利用，离不开对各种体育资源的合理利用，其中，较为重要的是体育资源中的人力资源，开展群众体育活动的人力资源主要有社会体育指导员、体育教师、管理人员等。目前，体育指导员存在着性别分布欠平衡和学历偏低的问题，需改善学历结构，提高指导员的素质。对影响社会体育指导员队伍建设的因素进行调查发现，主要有运动场馆、技术项目、管理制度、时间、资金支持等方面的因素。同时，存在培训体系和管理模式不健全，体育人才缺乏培训；指导效果不足，存在供需矛盾；人才产出能力弱等问题。

针对这些问题，国家需要创新体制，强化社会体育指导员作用；发挥地方政府职能，加强引导与监管；优化社会体育指导员队伍建设，增加需求；校际联动，增加人才供给。发挥社会体育指导员的作用有助于促进社会体育工作队伍的建设。社会体育工作骨干队伍的巩固与发展，对健身路径工作的开展具有关键性作用。受赠单位作为健身路径的所有者，要积极与有关部门合作，与体育院校联合，聘请在校体育教师和学生，有效利用这些人力资源。有条件的单位可培训和建设有专业知识的指导员队伍，负责传授健身技能和锻炼方法，为人们的锻炼服务，也可对积极参加锻炼的人群进行培训，使他们成为健身路径的义务组织者和指导者。

五、深化跨领域的交流与合作

打造全民健身品牌，深化跨领域的合作和智慧化的发展。全民健身计划的提出，旨在推动全民健身的融合发展，营造全民健身的社会文化氛围。湖南省遵循此发展趋势，不断加大全民健身的交互式发展和智慧化发展的广度和深度，推行全民健身的品牌建设，大力推动体育与教育的融合；建立国家级以及省级的运动基地；支持有条件的高校设置相关课程和专业，并组建体育俱乐部；建立复合型实验室和体能训练的实验室，不断培养体育后备人才；推动体育与医疗的融合，积极推广运动健身方案，建立运动处方数据库，加强国民体质监测，加强专业运动员的医疗保障和运动康复服务；推广与研制适合老年人、残疾人等特殊群体的体育器械、健身项目和健身方法；大力推动体育与旅游的融合，开发全民健身与湖南省洞庭湖、东江湖、柳叶湖、清江湖等的融合，建立与之相结合的复合型健身产品，积极打造特色运动休闲小镇与特色体育项目相融合的体育精品路线。在防疫期间，户外健身受到限制，但广大群众的健身热情并没有因此减弱，他们利用网络，用观看直播等方式学习瑜伽、健美操等，开展居家健身。这使我国全民健身的运动形式、方法和内容都发生了变化。因此，推进全民健身的发展，依靠先进的科技、创新的意识尤为重要。线上健身对深入推进体育强国建设、促进全民健身有着重要作用。

六、建立综合性研学基地

建设户外体育、文化、教育和研学基地，营造推动体育的开放式合作氛围，举办"一带一路"国际体育赛事，制定体育国际交流行动方案与合作项目，建立省内外全民健身组织合作机制，大力提

升全民健身智慧化和体系化的水平。充分利用互联网等信息化手段，助推体育项目的培训和推广，积极推动亲子健身、云健身等家庭体育健身场景化的实施与落地。推出兼具教育功能、地域特色、时尚元素和挑战性元素的全民健身APP、体育研学产品以及新媒体平台，推动全民健身线上线下的交互式发展。目前，湖南省仍存在全民健身需求与供给不平衡、不充分的问题，亟待加快产业与全民健身的协调和交互式协同发展，这需要优化体育产业共生结构与全民健身的融合。

七、提供多元化服务与产品

政府相关企业与组织应提供多元化的服务与体育产品，吸引先进的体育设备制造企业与体育用品企业到湖南省落地生根，推动湖南省健身器材、球类制造、体育服装、穿戴式设备等企业的智能化和标准化生产；助推体育健身与全民健身的跨界融合，积极推动体育养老、健康服务业和体育旅游等相关新兴业态的融合发展，不断完善体育、食品、文化、健康的发展体系，建设湖南体育产业大数据中心及全产业链的大数据库，建造面向全民健身的体育综合体，加快对汇集全民赛事、健身和培训，以及餐饮住宿与体育休闲娱乐等多种休闲业态的综合体建设，积极开展全民运动会、健康长跑赛事等活动，将综合赛事功能和相关的产业进行有机融合，带动各种康体产业不断发展。

八、加快发展体育产业，促进体育消费升级

湖南省政府应加大对体育企业的优惠扶持政策，不断进行体育新产业的创新，增强体育产业的市场活力，使体育消费与相关产业相融合，努力实现到2030年全省体育产业总规模超过2500亿元、

占湖南省地区生产总值的比重达到 1.8%～2%、实现两家以上体育企业上市、体育产业从业人员数量达 50 万人的目标。政府应打造一套具有国际影响力的体育产业体系，加快发展以体育制造业和体育服务业为龙头的体育产业，大力弘扬以中华体育精神为主线的体育文化，按照《湖南体育强省建设规划（2020—2030 年）》实施，努力实现体育强省建设目标，为把体育建设成为中华民族伟大复兴的标志性事业做出湖南体育的贡献。

九、重视偏远地区健身宣传与设施建设

现阶段，我国对于全民健身的宣传主要集中在城市，其传播群体主要为城市居民，对农村的宣传较少，忽略了农村居民。湖南是我国农业大省，农民数量庞大，政府部门可以利用横幅、广播等形式，大力宣传体育锻炼的益处，鼓励农民加入全民健身运动，提高农民体育锻炼的积极性，提升其参与体育活动的意愿。在传统节日和空闲时段，广泛组织农民进行体育锻炼，提高湖南省农民对体育的认知度和参与度。同时，可以把少数民族聚居地作为当地体育旅游的中心，利用少数民族传统体育文化、体育民俗，构成中部地区独特的体育资源。吸引更多人参与体育锻炼，并不断对农村地区的体育设施进行完善，增加对体育资源的资金投入，集中力量解决经费不足的问题，加强偏远地区体育基础设施的建设。

十、完善全民健身活动管理制度

通过构建与实施科学系统的公共管理制度，提升全民健身事业的发展水平。湖南省需要在科学分析全民健身事业发展状况的基础上，针对制度管理方面的不足，科学制定公共服务管理制度，为全民健身相关事业的顺利发展提供充分的制度保障，提高社会现有体

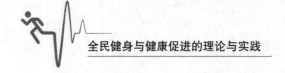

育设施的管理与使用水平。例如，在完善全民健身活动管理制度中，应当结合实际情况，对现有的管理制度体系进行调整和优化，为全民健身活动的开展提供较好的制度体系保障；对于相关全民健身活动的管理制度、全民健身项目的管理制度、全民健身基础设施场馆的管理制度等，都应当进行人性化的调整，体现出人本主义思想。

　　针对全民健身活动发展情况的考核需要制定科学系统的评价标准及实施规范，充分发挥政府、社会及专业人士的监督管理能力，科学全面地评估全民健身发展水平，并科学地总结其中存在的问题与不足，为管理工作的完善发展提供充分依据。此外，要将全民健身考核结果作为精神文明建设成果的重要评价指标，将其作为地区文明评优的重要参考。要制定科学全面客观的评估指标体系，能够准确体现全民健身事业的发展水平，从而为整体建设发展水平的衡量提供充分支持。

参考文献

[1] 郭磊，李泽龙．全民健身服务体系与实践指导 [M].北京：新华出版社，2015.

[2] 潘丽英．全民健身服务体系构建与运动方法研究 [M].北京：新华出版社，2018.

[3] 李浴峰，健康教育与健康促进 [M].北京：人民卫生出版社，2020.

[4] 金伯泉．细胞和分子免疫学 [M].北京：科学出版社，2001.

[5] 乐生龙，陆大江，夏正常，等．"家庭—社区—医院—高校"四位一体运动健康促进模式探索 [J].北京体育大学学报，2015，38(11): 23–29, 35.

[6] 刁薇，姜雨彤，刘小辉，等．青少年体质健康促进的管理机制探究 [J].科技资讯，2020, 18(36): 194–195, 199.

[7] 陈佩杰．运动与健康促进 [J].体育科研，2003, 24(1): 46–48.

[8] 徐仰才，李纪霞，吴志坤．中医体质辨识在大学生体质健康干预中的应用效果分析 [J].数理医药学杂志，2020, 33(1): 140–143.

[9] 武俊青，王瑞平，罗迈．生殖健康促进 [J].中国计划生育学杂志，2006, 14(10): 592–595.

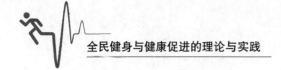

[10] 傅东波 . 加拿大健康促进研究：在英属哥伦比亚大学健康促进研究所 3 个半月的经历 [J]. 中国健康教育 , 1999, 15(12): 52–53.

[11] 虞筱华 , 余昭 , 陈川 , 等 . "以营养教育为重点的学校健康促进" 效果评价 [J]. 中国健康教育 , 2003, 19(6): 434–435.

[12] 薛海红 , 王小春 . 高等学校有效健康促进模式与实践研究 [J]. 西安体育学院学报 , 2005, 22(6): 100–103.

[13] 朱政 , 陈佩杰 , 黄强民 . 体育训练中的神经运动控制 [J]. 上海体育学院学报 , 2007, 31(1): 58–61.

[14] 张国方 , 罗美香 , 林燕 . 健康体检护理在健康和亚健康人群中的应用效果 [J]. 中外医学研究 , 2014, 12(1): 95–97.

[15] 赵瑞芹 , 宋振峰 . 亚健康问题的研究进展 [J]. 中国社会医学杂志 , 2002, 19(1): 10–13.

[16] 冯叶芳 , 张仲 , 吴伟旋 , 等 . 哈尔滨市城镇居民亚健康评定量表的常模研制 [J]. 中国全科医学 , 2021, 24(10): 1260–1265.

[17] 张正宇 . 高中生心理健康水平及其影响因素的研究 [J]. 文理导航 (教育研究与实践), 2017(10): 194.

[18] 谢雁鸣 , 刘保延 , 朴海垠 , 等 . 基于临床流行病学调查的亚健康人群一般特征的探析 [J]. 中国中西医结合杂志 , 2006, 26(7): 612–616.

[19] 李红娟 , 王正珍 , 隋雪梅 , 等 . 运动是良医：最好的循证实践 [J]. 北京体育大学学报 , 2013, 36(6): 43–48.

[20] 李文川 , 刘春梅 . 不同古典医学文化中的 "运动是良医" 思想 [J]. 北京体育大学学报 , 2017, 40(8): 8–16.

[21] 谷倩 , 黄涛 , 程蜀琳 . "体医融合" 视域下 "运动是良医" 的再认识：历史 , 现状和争议 [J]. 体育科研 , 2018, 39(1): 48–55.

[22] 杨青松 . 学业自我效能感对中学生考试焦虑的影响：链式中介效

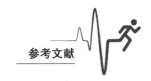

应及性别差异 [J]. 中国临床心理学杂志，2022, 30(2): 414-420.

[23] 吴士健，高文超，权英. 差序式领导、创造力自我效能感对员工创造力的影响：中庸思维的调节作用 [J]. 科技进步与对策，2021, 38(17): 144-151.

[24] 傅菊萍，陈松，支倩娜，等. 认知行为健康教育模式对抑郁症患者自我效能感、应对方式和生活质量的干预效果 [J]. 中国基层医药，2022, 29(5): 777-780.

[25] 陈翠，陈琼妮，盛彩华，等. 抑郁症患者压力知觉与其生命质量的关系：自我效能感的调节效应 [J]. 中国临床心理学杂志，2022, 30(2): 306-309.

[26] 郭荣芬，韩斌如. 基于健康信念理论对社区居民健康素养的干预研究 [J]. 医学教育管理，2020, 6(1): 64-69.

[27] 楚天广，杨正东，邓魁英，等. 群体动力学与协调控制研究中的若干问题 [J]. 控制理论与应用，2010, 27(1): 86-93.

[28] 王小根，杨爽. 群体动力学视角下的协作知识建构活动探究 [J]. 现代教育技术，2020, 30(11): 55-61.

[29] 解学梅，吴永慧. 企业协同创新文化与创新绩效：基于团队凝聚力的调节效应模型 [J]. 科研管理，2013, 34(12): 66-74.

[30] 段萌萌. 社会网络、社会规范对城市居民社区参与的实证分析 [J]. 应用数学进展，2022, 11(4): 2107-2112.

[31] 严标宾，郑雪，邱林. 自我决定理论对积极心理学研究的贡献 [J]. 自然辩证法通讯，2003, 25(3): 94-99.

[32] 闫金，梁超梅，金琼，等. 自我决定理论对促进儿童青少年体力活动影响的 Meta 分析 [J]. 中国学校卫生，2020, 41(4): 566-572.

[33] 王莉. 略论增强人体免疫力的有效途径 [J]. 中国医学创新，2009, 6(27): 184.

[34] 杨静宜. 提高心肺功能的运动处方 [J]. 中国康复理论与实践,
 2001, 7(2): 54-55.

[35] 万琴, 胡文清, 陶莉萍. 八段锦运动康复干预对冠心病患者心肺
 功能改善的影响 [J]. 实用中西医结合临床, 2020, 20(16): 57-59.

[36] 武阳丰, 马冠生, 胡永华, 等. 中国居民的超重和肥胖流行现
 状 [J]. 中华预防医学杂志, 2005, 39(5): 316-320.

[37] 陈明, 尹晓晨, 段雨劼, 等. 儿童青少年脂肪细胞因子等指标与超
 重和肥胖关系研究 [J]. 实用预防医学, 2020, 27(10): 1163-1167.

[38] 闻吾森, 王义强, 赵国秋, 等. 社会支持、心理控制感和心理
 健康的关系研究 [J]. 中国心理卫生杂志, 2000, 14(4): 258-260.

[39] 杨小溪, 郑珊珊, 董庆兴. 大学生心理健康信息需求触发路
 径研究: 基于清晰集定性比较分析方法 [J]. 情报科学, 2020,
 38(7): 30-36.

[40] 陈经城. 新时代我国网球运动产业化发展路径研究 [J]. 广州体
 育学院学报, 2021, 41(5): 29-31.

[41] 邱服冰. 论瑜伽及其心理生理功能 [J]. 山东体育学院学报,
 2004, 20(5): 60-61, 75.

[42] 周学荣, 吴明. 全民健身上升为国家战略的时代背景及价值 [J].
 体育学刊, 2017, 24(2): 39-44.

[43] 张军骑, 郭敏. 全民健身战略背景下我国马拉松赛事问题审视及
 对策 [J]. 兰州文理学院学报: 自然科学版, 2020, 34(5): 88-92.

[44] 黄晶晶, 李东耀. 全民健身背景下手机 APP 健身的发展趋势研
 究 [J]. 体育科技文献通报, 2017, 25(1): 37, 73.

[45] 吕树庭. 加强学科建设 回应全民健身: 体育社会学学科建设的
 成绩、问题与应对策略 [J]. 广州体育学院学报, 2018, 38(1): 1-6.

[46] 李龙. 全民健身与体育产业共生关系的现实观察与发展路径

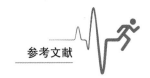

[J]. 中国体育科技 , 2017, 53(2): 93-99.

[47]　李玉周 , 王婧怡 , 江崇民 . 健康中国视域下全民健身促进全民健康的多元价值研究 [J]. 西安体育学院学报 , 2019, 36(2): 151-155.

[48]　王明明 . 全民健身与全民健康融合的理论基础与实践逻辑 [J]. 体育研究与教育 , 2020, 35(1): 5-11, 97.

[49]　袁卓 , 常娟 . 湖湘体育特色小镇经济可持续发展研究 : 以湖南浏阳沙市镇为例 [J]. 文体用品与科技 , 2019(1): 85-86.

[50]　袁建涛 . 用创新推动实施湖南 "三高四新" 战略 [J]. 湖南行政学院学报 , 2021(3): 124-130.

[51]　田金华 . 体育运动与健康促进 [J]. 中国体育科技 , 2003, 39(1): 37-39, 52.

[52]　单秋菊 . 电话随访式延续性护理对 PCI 术后患者健康促进生活方式的影响 [D]. 郑州 : 郑州大学 , 2014.

[53]　谭敏 . "长株潭" 城市圈公共体育场馆利用状况与发展对策的研究 [D]. 武汉 : 武汉体育学院 , 2011.